Association Internationale de Droit pénal

LE

Congrès Pénitentiaire International
DE LONDRES

(Conférence faite à l'Université de Rome, le 16 novembre 1925)

PAR

M. Enrico FERRI
Professeur à l'Université de Rome.

(Extrait de la *Revue Internationale de Droit pénal*
n° 1 de Janvier 1926)

MARCHAL ET BILLARD
GODDE, successeur, 27, place Dauphine, Paris

Association Internationale de Droit pénal

LE

Congrès Pénitentiaire International

DE LONDRES

(Conférence faite à l'Université de Rome, le 16 novembre 1925)

PAR

M. Enrico FERRI
Professeur à l'Université de Rome.

(Extrait de la *Revue Internationale de Droit pénal*
n° 1 de Janvier 1926)

MARCHAL ET BILLARD
GODDE, successeur, 27, place Dauphine, Paris

LE CONGRÈS PÉNITENTIAIRE INTERNATIONAL DE LONDRES

Par M. ENRICO FERRI
Professeur à l'Université de Rome.

(Conférence faite à l'Université de Rome, le 16 novembre 1925)

En vous remerciant de l'accueil bienveillant et sympathique, que vous m'avez renouvelé tout à l'heure, je ne peux pas refuser à mon âme l'expression du sentiment, qui, ces jours-ci a ému l'âme nationale et qui attire l'attention plus aiguë du criminaliste. Je fais allusion à l'horrible tentative, que nous aurons peut-être l'occasion d'étudier ensuite au point de vue juridique, mais qu'aujourd'hui nous pouvons regarder au point de vue humain et italien, pour exprimer notre profonde exécration... (*éclats d'applaudissements !*) contre tout attentat à la vie humaine; que soit centuplée cette exécration, dans le cas présent, car on ne peut réprimer la conviction que l'Italie a dans la personne de Benito Mussolini un guide et une force, que je souhaite lui voir conserver le plus longtemps possible. (*Applaudissements prolongés*) (1).

***

Maintenant, en rentrant dans le champ sévère et serein de la criminologie, je dois rappeler que, cette année, dans le domaine de la justice pénale, on a vu trois événements de remarquable importance, théorique et pratique.

En Italie, le Ministre de la Justice a présenté un projet de loi pour avoir la faculté de réaliser la réforme de nos

---

(1) Le premier ministre Mussolini, venait d'être l'objet d'un complot dirige contre sa personne.

lois pénales. Le mois passé, à la Chambre des députés, on a eu une remarquable discussion sur les rapports du Ministre Professeur Alfredo Rocco et des rapporteurs parlementaires, De Marsico pour le Code Pénal, Sarocchi pour le Code de Procédure pénale et Vicini pour la loi de sûreté publique, surtout par les partisans de l'école positiviste (hon. Cavalieri et De Cicco). Ils ont démontré que cette réforme de notre législation pénale, dont on a annoncé les lignes principales, est tout à fait d'accord, sur le terrain pratique, avec les propositions que l'école positiviste a faites depuis bien des années. Et malgré la réserve du Ministre pour le principe traditionnel de la responsabilité morale, nous regardons avec sympathie cet essai de réalisation de nos propositions pour la défense sociale contre la criminalité. Celle-ci doit en finir avec la moyenne incolore et inconcluante de la justice pénale d'aujourd'hui, pour se spécialiser dans les deux principes : d'une défense plus efficace contre les criminels plus dangereux et d'une défense plus clémente et plus humaine, rééducatrice, pour la grande majorité des délinquants occasionnels et peu dangereux.

De ces réformes nous nous occuperons plus spécialement lorsqu'elles seront précisées. Aujourd'hui il suffit de rappeler leur proposition, qui est en harmonie avec le rythme des réformes pénales dans tous les pays suivant la direction positiviste de notre école.

A l'étranger, on a eu cette année la Conférence internationale de Police (à New-York 12-16 mai) dans laquelle mon illustre collègue et ami le professeur S. Ottolenghi a rappelé l'attention des délégués de 40 Etats sur la méthode de la police scientifique italienne. Cette méthode est différente de celle des autres pays en ceci que la police italienne autechnicisme de l'examen objectif (traces, empreintes, lieux, instruments, documents, etc.) ajoute et réunit l'examen de la personnalité du criminel, en suivant l'initiative scientifique de Lombroso.

Le troisième événement de cette année, qui intéresse nos études, a été le Congrès Pénitentiaire international, tenu à Londres, du 4 au 10 août. C'est de celui-ci que je vous résumerai aujourd'hui la signification et les délibérations.

*
* *

Comme vous savez, le Congrès international de Londres était le neuvième de la série et, comme les précédents, a été admirablement organisé par la Commission Pénitentiaire Internationale, présidée par M. E. Ruggles Brise et animée par le secrétaire général professeur S. Van der Aa. Elle a été aidée par le Comité d'organisation anglais et par le Conseil de commissaires des Prisons, présidé par M. Maurice Waller et composé de MM. A. Paterson, docteur G.-B. Griffiths, lieutenant-colonel. J.-S. Knox avec l'infatigable secrétaire M. A.-J. Wall.

Le premier Congrès pénitentiaire international a eu lieu à Londres en 1872, après le Congrès des Américains (à Cincinnati en 1870) qui ont pris l'initiative de ces réunions en vue des progrès de l'organisation des prisons (1).

A Londres étaient représentés 36 Etats outre les Dominions de l'Empire Britannique, avec l'inscription de 558 membres.

*
* *

Au Congrès Pénitentiaire on a donné, à Londres, une grande importance et un relief exceptionnel soit par le Gouvernement, soit par les personnalités les plus éminentes de la vie publique anglaise. Le Ministre de l'Intérieur M. Joynson-Hicks, dans son discours d'inauguration, annonça trois faits d'une signification vraiment éloquente.

Le premier c'est qu'en Angleterre dans les vingt dernières années on a eu une diminution progressive dans le nombre des prisonniers : de 20.000 qu'ils étaient quelques années avant la guerre, ils sont maintenant à peu

(1) Sir E. Ruggles Brise a résumé les programmes et les délibérations de tous les Congrès pénit. intern. dans le volume : *Prison Reform. at home and abroad*. London, Macmillan, 1924, 200 p.

près 9.000. Il faut remarquer cependant que ce chiffre ne peut pas être pris dans son apparence seule, parce que les chiffres de la criminalité sont différents de ceux des prisonniers. Le président du Congrès, Sir Evelyn Ruggles Brise, a publié pour le Congrès une brochure statistique sur le mouvement de la criminalité en Angleterre et Galles depuis 1872. De cette étude il résulte que la criminalité, surtout contre les personnes et la propriété avec violence, y est en augmentation en chiffres absolus quoique il y ait une diminution par rapport à la population (1).

La diminution dans le nombre des prisonniers provient pour la plus grande partie, de ce que les Anglais au point de vue pratique réalisent le programme que l'inspecteur général des prisons anglaises M. Griffith annonçait au Congrès international d'anthropologie criminelle (à Genève 1896) lorsqu'il disait, d'une façon un peu excessive, que les délinquants devraient être séparés en deux catégories : ceux qui ne devraient jamais entrer en prison et ceux qui n'en devraient jamais sortir. La forme est un peu schématique, mais le Ministre Joynson Hicks, dans son discours, confirmait que dans son opinion la législation pénale devrait être dirigée vers ce but : rendre difficile l'entrée en prison mais plus difficile la sortie.

---

(1) Ruggles Brise. *The movement of Crime in England and Wales :*

Nombre (*a*) de crimes et délits dénoncés à la police et (*b*) des individus jugés pour *Indictable Offence.*

		1857-62	1923
Crimes contre les personnes	(*a*)	2.547	4.299
	(*b*)	2.066	2.943
Crimes contre la propriété (avec violence)	(*a*)	5.250	18.033
	(*b*)	1.896	4.255
Crimes contre la propriété (sans violence)	(*a*)	77.815	84.791
	(*b*)	48.247	48.657
Total « *indictable offences* »	(*a*)	89.253	110.206
	(*b*)	53.840	56.764

Pour le *total* la proportion pour 100.000 habitants a été :

(*a*) 451, (*b*) 272 en 1857-62 et 287, 148 en 1923.

Mais puisque la population de l'Angleterre et du Pays de Galles était en 1861 de 32 millions et en 1921 de 38 millions on voit que la diminution s'est vérifiée surtout dans le grand nombre des délits sans violence.

Et, en Angleterre, il est difficile d'entrer en prison car ce peuple, qui n'a pas de grandes traditions académiques, de systèmes théoriques, a vu pratiquement, que par exemple l'emprisonnement de courte durée peut être utilement remplacé par d'autres mesures ou pécuniaires ou interdictoires, de surveillance, etc. En Angleterre en effet on fait un usage très fréquent de la condamnation conditionnelle (« *probation* ») de la libération sur parole (« *parole* ») pendant l'expiation de la peine et de la libération conditionnelle commune. On comprend, alors, comment, par la distinction entre criminels dangereux et incorrigibles et criminels d'occasion et condamnés pour la première fois (« *star prisoners* ») pour lesquels on a toutes les clémences de la *probation* et de la *parole* et tous les subsides du patronage et de la rééducation sociale, on comprend comment le nombre des prisonniers ait marqué une très forte diminution.

La deuxième pensée, exprimée par le Ministre de l'Intérieur, m'a beaucoup intéressé, puisqu'il a constaté un résultat pratique. En Angleterre, par la loi de 1908 sur la prévention de la criminalité, on a institué ce que mon collègue le professeur Conti appelle « un complément de peine », qui existait déjà dans le code pénal norvégien du 1902. C'est-à-dire que les récidivistes plus dangereux après avoir subi leur peine, sont retenus en « détention préventive » pour un temps de 5 à 10 ans, dans des établissements spéciaux sous une discipline moins rigoureuse. Cette expérience anglaise a une grande importance pour nous, puisque notre école est favorable à la condamnation à temps indéterminé et ne voit pas l'utilité ni la raison théorique d'une peine subie à terme fixe et puis d'un supplément de peine, comme si à un tuberculeux qui a besoin de grand air, le médecin disait : « il faut d'abord rester un temps fixe dans le couloir sans air d'un ancien hôpital et après nous vous enverrons à la montagne, comme supplément de cure ». Or, la déclaration officielle du Ministre nous a beaucoup intéressés, puisqu'il a dit, et le lendemain le Lord Chancellier en donnait confirmation, que ce supplément de peine a donné de mauvais résultats. Et cela parce que étant à terme fixe (non supérieur à 10 ans) il enlève au condamné le principal ressort de sa réhabilitation, puisqu'il sait que au delà du terme il ne sera pas retenu. Et le Ministre disait : les trois quarts des libérés de la « détention préventive » sont retombés en récidive. De sorte qu'il déclarait ouvertement sa préférence à remplacer ce complément de peine par la sentence indéterminée.

Il y avait là un témoignage d'une très grande valeur, vis-à-vis de la puissante systématisation de moyens qui en Angleterre est à la disposition de l'Administration pénitentiaire pour la réutilisation sociale des condamnés.

***

L'importance du Congrès a été aussi mise en pleine lumière par le fait que le bureau de la présidence a été augmenté avec la nomination des vice-présidents (Ferri, Hastings, Hart, Klein, Maus, Roux, Waller) et des secrétaires généraux (Danjoy et Lord Polwarth). Et surtout par le fait que quatre des hommes les plus représentatifs de la vie publique anglaise, sont venus, chaque jour, ouvrir nos travaux avec des discours sur un sujet spécial.

Le premier a été Lord Asquith, qui, « comme ancien ministre de l'Intérieur » — a-t-il dit — nous a parlé des « principes de la peine ». Il a nommé, pour les honorer, les deux Italiens Cesare Beccaria et Cesare Lombroso, en confirmant par là la valeur que le monde scientifique international réserve toujours aux doctrines italiennes sur la justice pénale.

Lord Haldane nous a parlé des « buts de la peine » et il s'est surtout préoccupé de la pratique anglaise, qui a toute notre approbation, pour la différence de discipline à l'égard des délinquants d'occasion condamnés pour la première fois et des délinquants habituels ou incorrigibles ou en tout cas très dangereux.

Lord Hewart (the Lord Chief of Justice of England) nous a parlé des « substitutifs de l'emprisonnement » en confirmant l'ancienne croisade des congrès pénitentiaires contre l'emprisonnement de courte durée.

Enfin, la plus grande impression a été reçue par le Congrès lorsque sur « la sentence indéterminée » est venu nous parler Lord Cave (the Lord Chancellor) qui en Angleterre est appelé « la fontaine de la justice » puisqu'il est le conseiller légal du Gouvernement et préside à la nomination de ces juges anglais, qui sont vraiment une admirable puissance morale et sociale, qui leur vient avant tout de leur nombre très restreint. En Angleterre on a 35 « juges » et environ 400 « magistrates » et « recorders »; ceux-ci exercent les degrés intérieurs de la justice pénale, outre les très nombreux « juges de paix ».

Les « juges » anglais ont, même plus qu'ailleurs, un fort esprit de conservation traditionaliste, à cause aussi de la forme de leur recrutement. Ils sont choisis presque tous parmi les avocats les plus illustres. Mais, voilà le sens pratique anglo-saxon, le choix des avocats est subordonné à la constatation que l'avocat par son travail professionnel se soit déjà formé un large patrimoine. On pense, pratiquement, qu'une bonne situation financière est une garantie du moins matérielle, puisque la garantie la plus profonde est dans l'âme honnête du citoyen. On comprend comment les « juges » anglais aient un esprit profondément conservateur. Et quelqu'un d'entre eux est venu au Congrès pour élever sa voix contre les innovations et surtout contre la sentence indéterminée.

Mais le Lord Chancelier, à propos justement de celle-ci, se déclarait favorable, surtout pour les délinquants mineurs, détenus dans les Borstal Institutions (de 16 à 21 ans et, par exception, à 23 ans). Ce sont des prisons-écoles, imitées du célèbre Réformatoire d'Elmira (New-York) inspiré des doctrines de Lombroso, comme le déclara son fondateur en 1878, le doct. Brockway; et elles sont maintenant, je crois, encore mieux organisées en Belgique. Mais pour les adultes aussi à propos, de la sentence indéterminée (comme on l'appelle inexactement, puisque ce n'est pas la sentence qui est indéterminée, mais c'est le temps de la ségrégation pénitentiaire du condamné), le Lord Chancelier manifesta son approbation en confirmant la constatation du Ministre pour les mauvais résultats de la « détention préventive » comme supplément de peine.

***

L'importance du Congrès est allée en augmentant avec la direction prise par les discussions et surtout avec l'esprit des délibérations votées par les sections et les assemblées générales. Je pense même que le Congrès de Londres a marqué une étape décisive dans l'évolution des doctrines et de la pratique pénitentiaires.

Dans l'histoire des congrès pénitentiaires internationaux, depuis le premier (Londres 1872) jusqu'au dernier (Washington, 1910), leur évolution s'est réalisée, selon moi, dans le sens suivant: d'abord les congrès se sont préoccupés surtout, comme il était naturel, du *technicisme pénitentiaire*. Je me rappelle que même dans les Congrès de Rome (1885), le troisième de la série — qui avait aussi une exposition internationale des modèles de prisons — le grand souci des congressistes était l'architecture des prisons. Puisque le système de l'isolement cellulaire continu était alors très en faveur comme remède de la criminalité, les pénitentiairistes — tout en discutant aussi de la discipline et de l'éducation des prisonniers — piétinaient sur place en discutant les détails de la cellule, des fenêtres, des grilles, des verrous, etc. comme si tout cela pouvait avoir une influence sur la criminalité même dans son remède extrême et négatif, qui est la peine et son exécution.

Au delà de ce *technicisme pénitentiaire* les congrès suivants, surtout après celui de Paris (1895), eurent la préoccupation des *exigences sociales* relatives à la criminalité. Et surtout dans les réunions successives on a discuté le problème de la récidive, si obstinée jusqu'à présent dans tous les pays civilisés, et l'influence de l'alcoolisme sur le délit, la concurrence que le travail des prisonniers fait au travail libre, le patronage des libérés, la criminalité des mineurs, etc. C'est-à-dire que, sous l'influence de l'école positiviste, une deuxième phase se réalisa dans la pensée des pénitentiairistes en donnant leur attention aux influences du milieux social, d'où vient le prisonnier et à qui la prison devra le rendre. C'était là la note que, dans le Congrès de Rome, j'apportai en disant que « le système cellulaire continu est une des aberrations du XIXe siècle ». J'ai dressé alors mon acte d'accusation contre l'isolement cellulaire surtout au point de vue italien : car on comprend que, par exemple, un habitant de la Scandinavie ou de l'Ecosse septentrionale, puisse passer des mois dans la cellule d'une prison, puisque même les non condamnés sont forcés de rester isolés dans leurs maisons pendant les longs hivers. Mais dans les pays de soleil, ensevelir un homme vivant — nuit et jour — dans une cellule, c'est en réalité lui enlever toute énergie physique, intellectuelle et morale pour la réhabilitation ; c'est le rendre ou dément hébété ou bien enragé.

Vous pouvez donc comprendre avec quelle satisfaction j'ai entendu dire par le ministre Joynson Hicks — ce fut le troisième point de son discours — qu'en Angleterre on a aboli l'isolement cellulaire diurne. Il y reste naturellement pour la nuit, comme nous avons toujours affirmé, par des raisons évidentes (1).

Cette évolution des congrès du *technicisme pénitentiaire* aux *exigences sociales* a atteint son terme à Londres, puisque dans ce congrès est venue en premier plan la préoccupation de la *personnalité de l'homme criminel*. A Londres les problèmes techniques d'architecture pénitentiaire et d'autres problèmes analogues ne sont pas venus au jour. La seule préoccupation prédominante et caractéristique a été l'étude et la connaissance du criminel. C'est pour cela que Lord Asquith, habitué à sentir les vibrations de l'atmosphère sociale, n'a nommé que les trois grands pionniers des réformes pénales : l'Anglais Howard, initiateur des réformes pénitentiaires, avec

(1) Ces deux enseignements pratiques donnés par l'Angleterre — constatation de la *faillite de la détention supplémentaire* pour récidivistes et *abolition de l'isolement cellulaire diurne* — s'ajoutent à l'autre grand exemple donné par l'Angleterre avec *l'abolition de la déportation*, malgré presque un siècle d'application et malgré les territoires sans bornes et sa marine puissante, les législateurs en devront tenir bien compte.

En tout cas, ces expériences d'un grand pays confirment les conclusions de l'école positiviste et les dispositions de notre projet de Code Pénal.

son livre sur les prisons d'Angleterre (1777) ; César Beccaria, initiateur des réformes dans la justice pénale contre les abus du moyen âge, avec son livre « des délits et des peines » (1764); et enfin Lombroso, à qui Lord Asquith reconnut le grand mérite d'avoir initié l'étude scientifique des délinquants, avec son livre sur l'homme criminel (1876). Il est vrai que Lord Asquith est resté dans l'opinion légendaire que Lombroso et son école se sont bornés à étudier seulement les conditions organiques des criminels : mais j'ai eu l'occasion, en parlant peu après lui, de rectifier son affirmation, en disant que si dans les premières polémiques on avait forgé la légende que Lombroso n'observait que les crânes des criminels, la vérité est que l'école positiviste italienne étudia toujours l'homme criminel non seulement comme individu et non seulement dans sa constitution organique, mais et surtout dans sa constitution psychique et l'étudia aussi comme reflet et produit des conditions du milieu physique et social, qui avec les conditions physio-psychiques de l'individu déterminent inséparablement la genèse de chaque crime, comme je l'ai démontré au Congrès international d'anthropologie criminelle de Genève (1896).

***

La personnalité du criminel, en effet, s'imposa à l'attention et aux délibérations du Congrès. Le président du Congrès, dans son discours d'ouverture, après le ministre de l'Intérieur, disait : « Dans tous les pays civilisés on a de plus en plus reconnu que la personne du criminel doit entrer dans le concept de la loi pour le degré de responsabilité et pour l'attribution et le caractère de la peine, de sorte qu'il est nécessaire de faire l'étude pathologique et psychologique des criminels ». Et il est remarquable qu'il se soit rapporté aussi à la loi, puisqu'on sait que quelques adversaires de l'école positiviste pensent que la personnalité du criminel ne peut entrer que dans le procès pénal, c'est-à-dire devant l'attention du juge, tandis que d'autres affirment qu'elle ne peut regarder que l'exécution de la peine. Nous pensons, au contraire — et en avons donné le premier exemple avec notre Projet de Code Pénal — que la personnalité de l'homme criminel doit avant tout être évaluée dans les dispositions de la loi pénale. Et le Président du Congrès a confirmé cette idée.

Tel a été l'esprit du Congrès de Londres, de sorte que des treize questions proposées à l'étude des trois Sections (législation — administration — prévention) cinq regardaient des problèmes secondaires et techniques, tandis que huit se rapportaient à la personnalité du criminel.

Des cinq problèmes secondaires, il y en a eu un de procédure pénale, pour lequel le Congrès sur le *principe dit d'opportunité*, à propos de la faculté de promouvoir ou non l'action pénale, vota la motion que j'ai eu l'honneur de présenter avec MM. Liepmann (Allemagne), Roux (France) et Speyer (Belgique), par laquelle on a affirmé que le principe d'opportunité doit être sous le contrôle de l'autorité judiciaire, comme il l'est par l'art. 179 de notre Code de Procédure pénale (1).

Après on a eu une motion du professeur Delaquis (Suisse) pour l'accord entre les Etats pour une défense plus efficace contre les *délinquants dits internationaux* (voleurs-faussaires, etc.) qui déplacent leur activité criminelle d'un pays à l'autre (2).

---

(1) Section I. — Quest. 1 (*Rapp. Prof. Liepmann*). Vu la tendance générale du droit pénal, une large application du principe d'opportunité se recommande, chaque fois que l'intérêt public est mieux servi en laissant l'infraction sans suite.

Pour les contraventions de police et tout particulièrement pour les infractions commises par les mineurs, le principe d'opportunité devrait être largement appliqué.

L'exercice du principe d'opportunité doit être soumis à un contrôle. Toutefois la diversité de l'organisation judiciaire dans les différents pays, ne permet pas de spécifier, dans un Congrès international, les modalités de ce contrôle, qui peut s'exercer notamment par le pouvoir judiciaire et l'action populaire. »

(2) Section III. — Quest. 2 (*Rapp. N. Kendal*).

« Le congrès est d'avis que la lutte contre les délinquants dits internationaux pourrait être rendue plus efficace si les États pouvaient se décider à admettre les communications directes entre les autorités judiciaires et de police des différents États en vue d'accélérer les mesures de poursuite concernant certaines catégories de délits ou en vue de se renseigner sur les délinquants dangereux. Chaque Etat devrait nommer une autorité centrale de police autorisée à communiquer directement et de la manière la plus facile avec celles des autres États.

En ce qui concerne l'extradition, le moment n'est pas encore propice à la

On approuva aussi une motion pour la censure *cinématographique* internationale des représentations pour la jeunesse (1) et une motion pour le *pécule des condamnés*, dans laquelle est confirmée la solution de notre projet de Code Pénal Italien, que le pécule du prisonnier, gagné avec le travail obligatoire, doit être réparti entre l'Etat, pour les frais d'entretien, la victime, pour les dommages subis, la famille du condamné et le condamné lui-même pour le jour de sa libération (2).

---

conclusion d'un traité universel d'extradition, mais il faudrait essayer l'élaboration d'un traité type, qui pourrait servir de modèle pour les traités des différents États. Et l'on prie la Commission Pénitentiaire internationale d'accélérer les travaux de sa sous-commission chargée de l'élaboration d'un traité type. »

(1) SECTION III. — Quest. 3 (*Rapp. A.-H. Bouston*).

Le congrès est d'avis :

A. 1) Qu'un office de censure efficace doit être établi dans chaque pays, ayant pour but essentiel la protection de la jeunesse. Il est nécessaire de garantir l'exécution des décisions de la censure par des mesures spéciales et par la surveillance des cinémas ;

2) Que la censure ne doit pas seulement considérer l'obscénité : elle doit prévenir dans les films toute autre atteinte à la « moralité » de la jeunesse ;

3) Qu'on devrait organiser des représentations spéciales pour la jeunesse ;

4) Que les États devraient subventionner les organisations produisant des films de valeur pour la jeunesse et pour le public en général ;

5) Que la question du film est d'intérêt international : il convient donc de la régler par des conventions internationales.

Chaque État doit s'efforcer de prévenir l'exportation de films qui sont interdits chez lui.

B) Quant aux productions, autres que les films, chaque pays devrait accélérer autant que possible la mise en vigueur de la Convention internationale de sept. 1923 relative aux publications obscènes.

(2) SECTION II. — Quest. 4 (*Rapp. N.-G. Mitchel Innes*).

1) Bien que le détenu n'ait pas droit à un salaire pour son travail, l'Etat a intérêt à lui donner une gratification afin de stimuler son zèle.

2) Dans le cas où cette gratification prend une forme pécuniaire, le pécule du prisonnier ne devrait être insaisissable (d'ordinaire). Le prisonnier ne pourrait le diminuer par des payements à des tiers, sauf peut-être en cas de maladie grave dans sa famille, si celle-ci ne reçoit pas de secours médical gratuit ou si elle est dans la misère.

Cette intangibilité du pécule ne s'étend pas aux sommes apportées au moment de l'incarcération ou reçues du dehors pendant la durée de la peine.

3) Il est désirable que le pécule, (augmenté ou non par une prime pour le bon travail) soit utilisé pour le remboursement des dettes du condamné envers l'État et envers ses victimes, après qu'il a été pourvu aux besoins de la femme et des enfants du prisonnier d'une façon convenable et raisonnable.

4) Le libéré ne pourrait avoir le droit de disposer de son pécule. Celui-ci doit

Enfin on vota une résolution sur le *patronage des condamnés et des libérés conditionnellement*, en confirmant aussi la règle de notre Projet que les frais pour ce patronage doivent être supportés par l'Etat, puisque l'initiative privée n'y suffit pas même en Angleterre (1).

***

Les huit autres résolutions concernent exclusivement la personnalité de l'homme criminel.

Quelques-unes visent le traitement disciplinaire des délinquants peu dangereux et portant les mesures *pour substituer l'emprisonnement*, (2) le *placement familial des enfants traduits en justice* (3) ; d'autres sont rela-

---

être considéré comme confié à des fidei-commissaires, qui veilleront à sa bonne utilisation.

5) Les mineurs doivent être à même de gagner un pécule, de façon à leur assurer un avoir certain à leur majorité. Les précautions contre le gaspillage doivent être même plus strictes que dans le cas des adultes.

(1) Section III. — Quest. 1 (*Rapp. B. Thomson*).

Le Congrès émet l'opinion que le contrôle des condamnés ne doit pas être exercé par la police.

L'organisation peut être érigée sur la base d'associations privées subventionnées par l'État ou sur la base d'une organisation officielle ou semi-officielle, par ex. par des personnes rémunérées par l'État, mises directement à la disposition des Tribunaux sans faire partie de la police.

Le contrôle obligatoire s'impose pour toutes les catégories de condamnés et libérés conditionnellement.

Le contrôle volontaire (facultatif) paraît justifié vis-à-vis des condamnés qui ont subi toute leur peine, c'est-à-dire libérés définitivement.

Le Congrès émet le vœu qu'un accord international soit facilité entre des organisations centrales de chaque pays en vue de s'occuper des libérés se rendant dans d'autres pays que ceux où ils ont été condamnés.

(2) Section I. — Quest. 2 (*Rapp. J.-S. Knox*).

Le Congrès exprime le vœu que rien ne soit négligé pour substituer d'autres peines à l'emprisonnement de courte durée.

Il propose notamment :

1) de donner une large extension au système de « probation ». Amendement Van der Aa ;

2) d'étendre le rôle de l'amende en laissant au juge la faculté de l'infliger au lieu de l'emprisonnement quand les circonstances le permettent...

3) de favoriser le payement des amendes afin d'éviter, le plus possible, la peine d'emprisonnement subsidiaire.

(3) Section III. — Quest. 5 (*Rapp. Mlle M. Fry*).

Le Congrès émet l'opinion que :

1) Le placement auprès des familles choisies des enfants traduits en justice

tives aux criminels *plus dangereux* et partant à cette « détention préventive » ou « complément de peine », qui cependant n'attira pas l'attention du Congrès après les déclarations du Ministre et du Lord Chancelier sur ses résultats défavorables et après que le Congrès eut voté en faveur de la sentence indéterminée, comme je le dirai tout à l'heure. De sorte que, dans la motion votée, au terme fixe de cinq à dix ans pour « *la détention préventive* » on a substitué le « temps illimité » (1).

Il y eut en outre une délibération, formulée par le professeur Delaquis, pour *les anormaux et faibles d'esprit avec tendances dangereuses*, qui a un caractère spécial au point

---

et reconnus coupables d'infractions pénales est à recommander lorsque les parents de ces enfants seront hors d'état d'assurer leur éducation morale.

2) Il convient de ne recourir à cette modalité qu'à la suite d'un examen préalable aussi complet que possible de ces enfants au point de vue physique, psychique et moral, qui n'aura pas conseillé leur placement dans des établissements thérapeutiques ou dans des établissements d'éducation corrective.

3) Il est préférable d'emprunter, pour le choix de ces familles l'intermédiaire et le contrôle des institutions officielles ou des œuvres privées agréées, de même qu'il est bon de préciser par contrat les droits et obligations de ces familles.

4) Ces familles devront donner à ces enfants une complète éducation morale et professionnelle. Il est légitime qu'elles soient dédommagées de leurs dépenses; mais dès que l'enfant sera en mesure de gagner sa vie, elles devront lui assurer et lui procurer un juste salaire.

5) Il est nécessaire que ces familles de même que les institutions intermédiaires qui y ont recours soient soumises au contrôle des pouvoirs publics.

6) Il est utile de créer des conférences et des cours spéciaux donnant les principes indispensables de l'éducation des enfants de justice et d'accorder la préférence pour les placements aux personnes qui auront suivi avec fruit ces conférences et cours spéciaux.

Le placement devra toujours avoir en vue de préparer le reclassement social de l'enfant.

(1) Section II. — Quest. I (*Rapp. L.-S. Brass*).

On a éliminé le 1er paragraphe de la résolution (votée par la Section avant le vote du Congrès pour la sentence indéterminée) qui disait: « Un système spécial de détention préventive est désirable pour la protection de la société ».

Le Congrès vote les autres paragraphes :

1) La détention spéciale devra être ordonnée par les autorités judiciaires.

2) Quoique le but de la détention soit purement préventif, des influences réformatrices devraient être exercées autant que possible.

3) Les conditions d'une telle détention devraient être moins rigoureuses que celles de la discipline pénale ordinaire.

4) La durée de la sentence devrait être illimitée. Le secrétaire d'État, ou une autre autorité compétente, assistée d'un comité consultatif dans chaque institution, devrait avoir le pouvoir d'accorder une libération conditionnelle et devrait être obligé de s'occuper de l'affaire périodiquement.

de vue théorique et qui a déjà une application en Angleterre avec l'institution de Rampton, qui est une forme intermédiaire entre la police de sûreté et la justice pénale (1).

Vous savez, à ce propos, que l'école positiviste a, dès ses débuts, attiré l'attention théorique et pratique sur le principe de l'état de danger du criminel (« témibilité » — de Garofalo, 1878). Cependant on a beaucoup discuté — par exemple dans l'*Union internationale de droit pénal* — mais sans conclure — si cet état de danger est définissable avec plus ou moins de précision. Et il est arrivé que jusqu'à présent sur cet état de danger, on n'a pas encore fait une distinction claire, que je formule de la façon suivante : il faut distinguer l'état de danger *social* d'un individu, qui concerne la police de sûreté et qui peut être indépendant de la consommation d'un délit. Un homme peut être socialement dangereux même sans commettre des crimes : par exemple un aliéné, qui soit, comme dit, notre loi de 1904 « dangereux pour soi-même ou pour les autres » est un sujet évidemment qui intéresse, non pas la justice pénale, mais la police de sûreté. Au contraire, au point de vue de la justice pénale, il y a seulement un état de danger *criminel*, qui n'existe qu'après le délit. On ne peut parler d'un état de danger du criminel si on n'a pas un criminel : et l'on n'a pas un criminel si l'individu n'a pas commis un crime ou délit. Il faut donc distinguer l'état de danger *social* — police de sûreté — et l'état de danger *criminel* — justice pénale.

Or, en Angleterre il y a à ce propos une institution

---

(1) SECTION III. — Quest. 4 (*Rapp. G. Delaquis*).

1) Il est désirable que tout adulte démontrant des tendances dangereuses soit envoyé par l'autorité judiciaire dans des institutions ou colonies non pénales, dans lesquelles il serait soumis à un traitement approprié et où il serait gardé jusqu'à la libération conditionnelle accordée par l'autorité compétente, qui devrait être assistée par un comité d'experts.

2) Il est désirable en outre que les mineurs de la même catégorie reçoivent le même traitement, mais dans des établissements séparés, si les mesures prophylactiques ont été sans bons résultats.

3) La libération conditionnelle, le patronage effectif et la surveillance étroite des anormaux sortis des établissements sont des mesures absolument nécessaires.

4) Il est indispensable au point de vue social de développer les œuvres d'hygiène et de prophylaxie mentale, qui permettront d'effectuer le dépistage précoce des anormaux et faibles d'esprit.

intermédiaire. Il y a le grand asile de Broadmoor pour les aliénés criminels, acquittés par le juge pénal ; mais il y a aussi l'institut spécial de Rampton, dans lequel les anormaux — comme dit la loi — qui manifestent des tendances dangereuses peuvent être internés. A Rampton les anormaux dangereux, qui peuvent n'avoir commis aucun délit, sont envoyés ou par le juge, s'il décide de ne pas les envoyer au débat pénal, ou par les directeurs de prison pendant l'expiation de leurs peines ou bien par les communes, pour les individus non adaptables à la vie libre.

*
* *

Enfin, parmi les délibérations du Congrès, il faut appeler celles qui se rapportent, chez tous les prisonniers à la personnalité criminelle.

On a eu, sur cela, une motion pour l'institution des *laboratoires d'anthropologie criminelle* à l'exemple de la Belgique, qui depuis 15 ans, après ma propagande à l'Université de Bruxelles, de 1895 à 1905, a institué, sur l'initiative du Ministre Renkin (1907) un laboratoire d'anthropologie pénitentiaire dans la prison de Forest (Bruxelles) sous la direction du docteur Verwaeck (1).

Et ensuite on a eu leur organisation plus systématique, ordonnée — en 1919-1920 — avec d'autres réformes pénitentiaires, par le Ministre Vandervelde (2).

On a délibéré aussi la classification *anthropologique des condamnés*, pour donner, comme nous avons établi dans

---

(1) Section II. — Quest. 2 (*Rapp. G. B. Griffiths*).

Il est nécessaire que tous les détenus, les prévenus comme les condamnés, soient soumis à un examen physique et mental par des médecins particulièrement qualifiés et que des services appropriés soient installés à cet effet dans les établissements.

Un pareil système aiderait à déterminer les causes biologiques et sociales de la criminalité et à décider du traitement approprié à chaque délinquant.

(2) *Heger-Gilbert — Les réformes du régime pénitentiaire*. Revue belge de dr. pén. et criminel. Août 1920 et janvier 1921 — *Verwaeck : Applications pratiques de l'anthrop. crim. en Belgique*. Torino, 1924.

En Belgique c'est le gouvernement qui a réalisé les réformes. Mais la législation pénale est encore la même. Il y a seulement un projet de loi (février 1923) pour les *anormaux dangereux*, les *délinquants* d'*habitude* et l'*adolescence coupable* proposé par le ministre Masson, avec rapports parlementaires de Vandervelde et Carton de Wiart.

notre Projet de code pénal une population homogène dans chaque établissement ; ce qui ne s'est pas encore réalisé, même en Angleterre, puisque dans les prisons il y a encore un mélange pendant le travail diurne — des prisonniers primaires avec les récidivistes, paralysant par là les efforts bien louables de la part du personnel de garde pour la rééducation sociale dans le traitement des condamnés, tout en maintenant pour ceux-ci la séparation nocturne de chaque catégorie dans chaque rayon de l'établissement (1).

On a ensuite voté une longue motion détaillée du professeur Gleispach (Vienne) sur *l'individualisation judiciaire* de la peine, qui reproduit les principales propositions de l'école italienne : la distinction des juges au pénal et au civil ; l'obligation pour les juges au pénal de connaissances spéciales de psychologie et psychopathologie criminelle, de médecine légale, sociologie criminelle ; l'obligation pour le juge d'observer et évaluer surtout le caractère et les antécédents du prévenu (1).

---

(1) Section II. — Quest. 3 (*Rapp. M. H. Lamb*).

1) La prévention de la contamination d'un détenu moins criminel avec d'autres plus endurcis, doit être une des premières règles du régime pénitentiaire.

2) Les détenus sont classés d'après leur âge et leur sexe en tenant compte de leur état mental et la classification principale ne serait faite que suivant le propre caractère de chaque détenu et les chances qui existent de sa réformation.

3) Ceux condamnés à des courtes sentences subissent un traitement différent de ceux condamnés à de longues sentences, afin qu'un régime approprié à ces derniers, mais non applicable aux premiers, puisse être institué.

4) Que les prisonniers des différentes classes devraient être internés dans les différents établissements, de préférence dans le même corps de bâtiment, sous la même direction administrative ou, dans certains cas, dans des établissements spéciaux.

5) Qu'il est difficile d'appliquer le traitement individuel si les établissements contiennent plus de 500 prisonniers.

(2) Section I. — Quest. 4 (*Rapp. F. Gleispach*).

Le Congrès émet l'opinion qu'il devrait être un élément essentiel de la procédure criminelle de tous les pays, que le juge avant de prononcer son jugement se renseigne sur toutes les circonstances afférentes au caractère, antécédents, conduite et façon de vivre de l'inculpé, ainsi que sur toute autre matière qui pourra être nécessaire pour lui permettre de déterminer avec justice la peine qu'il faut infliger au coupable.

A cet effet :

1) Le code pénal devrait mettre à la disposition des magistrats un choix varié de peines et de mesures analogues (de prévention et de sécurité) et ne pas

***

Enfin il y a eu le vote fondamental et décisif sur la sentence indéterminée, pour laquelle on a eu le plus grand nombre de rapports (1). Il y eut des opposants au nom de la tradition, mais pour conserver les traditions il n'est

---

limiter étroitement le pouvoir des magistrats. Il devrait à l'aide de prescriptions d'un caractère général conduire le juge à l'individualisation.

2) Les tribunaux devraient être dans la mesure du possible, spécialisés (en particulier les tribunaux pour adolescents) et décentralisés.

3) L'enseignement juridique devrait être complété par l'enseignement criminologique. Les cours universitaires nécessaires et les exercices pratiques correspondants nécessaires (en particulier, la psychologie et la sociologie criminelles, la médecine et la psychiatrie judiciaire et la pénologie) devraient être déclarés obligatoires pour quiconque veut exercer la profession de juge au criminel.

4) Les juges au criminel devraient se consacrer uniquement et d'une façon permanente aux affaires criminelles et avoir, dans cette branche de la magistrature, des possibilités suffisantes d'avancement.

5) Des cours devraient être créés pour compléter leurs connaissances en criminologie ; ils devraient connaître à fond les prisons et les établissements analogues et être tenus à les visiter fréquemment.

6) Le juge devrait recueillir, avant d'appliquer la peine, des informations suffisantes, l'état physique et psychique, et les conditions sociales de l'inculpé et sur les causes du délit.

7) A cet effet, des enquêtes sur toutes les circonstances de la cause devraient être faites avant les débats. Elles ne devraient être, à aucun prix des enquêtes de police anonymes ; elles devraient être faites par le magistrat lui-même ou par des organes compétents en cette matière, dont un nombre suffisant serait attaché au tribunal (cfr. lois des tribunaux pour enfants, probation officiers).

8) Le code de procédure criminelle devrait permettre au magistrat, de faire autant que possible, comparaître et déposer comme témoin quiconque peut donner des renseignements relatifs à la personnalité de l'inculpé et à ses conditions de vie sociale.

9) Si ces moyens sont suffisants pour donner au magistrat une idée exacte de l'état psychique et physique de l'inculpé, il devrait pouvoir le faire examiner par des médecins experts et par des psychologues.

10) Les débats devraient être divisés en deux parties ; dans la première on discuterait et on déciderait de la culpabilité, dans la deuxième on discuterait et on déciderait de la peine. Durant la deuxième partie, en débats, le public et la partie civile seraient exclus.

(1) Ont envoyé rapport au Congrès par la quest. 3 de la Sect. I.

Prof. *De Asua* (Madrid), favorable ; Prof. *De Balogh :* anc. Ministre de justice (Budapest), favorable ; Profes. *Conti* (Siena), contraire ; *Coulon*, proc. de la Rép. (Beauvais), contraire ; Prof. *Hafter* (Zürich), favorable ; *Holmar*, probation officier (Sheffield), favorable ; Prof. *Huguency* (Paris), relativement favorable ; *Lawes*, Direct. Pris. Sing-Sing (New-York), favorable ; Prof. *Milota* (Bratislava), Lord *Sands* Cons. Cour Suprême (Edimbourg), favorable ; Prof. *Stiernberg* (Stockholm), relativement favorable ; *Cass*, Sec. gén. Prisons Etats-Unis (New-York), favorable,

pas nécessaire d'organiser des congrès internationaux ; il suffit que chacun reste tranquillement chez soi. Evidemment un congrès international doit marquer quelques pas en avant, surtout lorsque l'expérience des pays plus avancés a démontré que la tradition a été dépassée. Il y eut aussi quelques juges anglais qui s'opposèrent à la sentence indéterminée au nom des droits de l'individu, puisque dans la conscience anglo-saxonne le droit individuel est profondément enraciné et, lorsqu'on ne précise pas l'organisation de la sentence indéterminée, on peut avoir l'impression que, avec elle, les garanties individuelles font défaut.

Mais il est facile de démontrer que la sentence ou mieux, la ségrégation du criminel à temps indéterminé ne supprime pas, tant s'en faut, les garanties du droit individuel ; au contraire elle les augmente.

Nous voulons, en effet, que l'exécution de la sentence indéterminée soit confiée non plus à l'autorité administrative mais à l'autorité judiciaire, puisque le juge doit non seulement établir une peine avec sa sentence, mais surveiller aussi et évaluer l'exécution de sa sentence par rapport à la personnalité du condamné ;

D'autre part le principe traditionnel de la proportion entre peine et délit, avec une fixation définitive d'emprisonnement par ans, mois, jours a été mortellement blessé par les institutions de la condamnation et de la libération conditionnelle, même en négligeant le droit de grâce par le gouvernement.

La motion sur la sentence indéterminée que j'ai eu l'honneur de présenter au Congrès a été appuyée par les signatures de MM. Servais et Verwaeck (Belgique), Caloyanni (Grèce), Regneiferos (Cuba), De Horwath (Hongrie), mais surtout avec un consentement éclatant, par la nombreuse délégation des Etats-Unis (S. Bates et autres), car les Etats-Unis, à propos de la sentence indéterminée, ont une priorité incontestable.

J'ai rappelé, tout à l'heure, le Congrès pénitentiaire américain de Cincinnati en 1870, qui marque vraiment une étape dans l'histoire du régime pénitentiaire. Il y fut voté 41 fameuses résolutions, dont quelques-unes concernent aussi, (sur le rapport Wines-Dwight) la sentence indéterminée, qu'a largement discutée et délibérée le Congrès Pénitentiaire international de Washington en 1910 et qui, à présent, est adoptée par la législation pénale de plusieurs Etats de la Fédération Nord-Américaine (1). Il est donc naturel que les délégués des Etats-Unis aient appuyé la motion, tendant à faire triompher à Londres aussi le principe de la sentence indéterminée, qui certainement constitue l'innovation la plus radicale dans la justice pénale tant théorique que pratique.

La motion était la suivante :

« Le Congrès émet l'opinion que la sentence indéterminée est la conséquence nécessaire de l'individualisation de la peine et un des moyens les plus efficaces pour assurer la défense sociale contre la criminalité.

La sentence indéterminée, avec garanties et règles pour la libération conditionnelle des condamnés et avec les adaptations de réalisation que la loi de chaque pays peut préciser suivant les conditions nationales, peut avoir un maximum préfixé pour les délinquants primaires et responsables de délits peu graves. Pour les criminels habituels et pour les criminels plus dangereux elle doit être organisée de façon que la libération conditionnelle des condamnés ne puisse avoir lieu que s'ils sont réadaptés à la vie sociale. »

A la section I, la question a été discutée à fond (rapporteur général J. H. Brodrick) et l'on approuva la motion susdite. A l'assemblée générale, quelques-uns, qui sont des sympathisants timides pour la sentence indéterminée, ont préféré, pour la deuxième partie, un amendement moins détaillé et dans le sens d'une indétermination relative. Mais il est arrivé que cet amendement, voté dans le but de limiter le principe de l'indétermination, a été rédigé de façon à l'élargir. En effet, à l'assemblée générale, le

---

(1) Sur la sentence indéterminée voir : *Kraeplin :* Die Abschaffung des Strafmasses — Stuttgart 1880 — *Lery :* Des sentences indéterminées. Paris, 1896, *De Notaris Stefano* : La pena indeterminata, Napoli 1900 ; *Amalfi :* Segregazione indeterminata, Napoli 1707 ; *Lacoste :* Etude hist. sur l'idée de sentences indet., Paris 1909 ; *De Asua :* La sentenza indeterminada, Madrid, 1913 : et Généralis : Du Princ. des sent. indet. dans la Revue de Législ., Madrid, 1925, p. 431 ; *Lindsey :* Hist. Sketsch of the Criminal Law and criminology, Chicago, may 1925.

Président proposa de voter telle quelle la première partie de la motion Ferri : et le Congrès l'a suivi. Ensuite il proposa l'amendement suivant, qui a été accepté par moi et les autres sigmataires, et aussi par MM. Rappaport (Pologne), Lamb (Angleterre), Liepmann (Allemagne), Butler Amos (Etats-Unis) :

« La loi de chaque pays doit déterminer si et dans quel cas il y aura une durée maximum de la sentence indéterminée, fixée d'avance. Il y a besoin pour chaque cas de garanties et de règles pour la libération conditionnelle avec les adaptations de réalisation qui conviennent aux conditions nationales. »

C'est-à-dire que le maximum préfixé que nous avions donné comme accepté pour les délinquants peu dangereux, n'est plus affirmé d'une façon absolue dans l'amendement. Comme on sait, pour la sentence indéterminée il y a ceux qui veulent toujours la forme d'indétermination absolue, sans maximum, en aucun cas : de sorte que l'amendement est allé au delà de la motion, puisque celle-ci pour les délinquants peu dangereux affirmait le principe d'indétermination relative.

L'amendement reproduit, après cela, ce que la motion disait, c'est-à-dire que, en tout cas, sont nécessaires les garanties et règles pour la libération conditionnelle et avec les adaptations de réalisation qui conviennent aux conditions nationales.

Avec cette résolution sur la sentence indéterminée — qui l'adopte non seulement pour les récidivistes mais pour tous les criminels — le Congrès de Londres a donné le sceau au caractère de ses délibérations, qui sont complètement en accord avec les conclusions pratiques de l'école positiviste.

Naturellement, dans un Congrès de techniciens n'ont pas lieu les discussions académiques ; et pour cela je n'ai pas insisté sur des affirmations théoriques, pour lesquelles on n'aurait pas eu le consentement général, comme il nous arrive en Italie avec le rapport du Ministre sur la réforme des lois pénales. Mais sur le terrain pratique nous sommes d'accord, lorsqu'il propose de mettre dans le Code Pénal (au grand scandale des traditionalistes doctrinaires) celles qu'on nomme « mesures de sûreté » contre les criminels dits « moralement irresponsables ». De même à Londres j'ai compris qu'il fallait obtenir le fait accompli sur le terrain pratique, puisqu'il faut réserver au temps et à l'expérience la force inévitable de faire remonter du terrain pratique aux prémisses de principe, sans lesquelles toute réforme législative finit par n'avoir ni vitalité ni efficacité pratique.

* * *

Avec cela j'ai terminé le compte rendu des travaux du Congrès de Londres.

Je dois maintenant vous dire quelques mots sur les visites aux prisons, que le Comité anglais a splendidement organisées pour les 84 délégués des Etats adhérents et par lesquelles j'ai pu, après avoir quelques jours auparavant, visité 5 prisons modernes en Belgique, en voir 15 en Angleterre et 5 en Ecosse (1).

Je vous dirai mes impressions sommaires, parce que, encore une fois, avec ces visites à l'étranger j'ai confirmé l'expérience que lorsque l'on reste dans notre pays, on finit par n'en voir et sentir que les inconvénients, tandis qu'en allant à l'étranger on trouve que « tout le monde est pays » et qu'à l'étranger aussi tout n'est pas parfait, et chez nous, il y a même quelquefois des choses meilleures qu'au delà des frontières.

En observant les prisons anglaises, j'ai eu l'impression générale que notre organisation pénitentiaire, bien que l'Italie n'ait pas les moyens formidables que la richesse de l'Angleterre met à la disposition de l'administration péni-

---

(1) En Belgique, j'ai observé : la prison de *Forest* (Bruxelles) avec le *laboratoire d'anthrop. pénit.* ; la *prison-école industrielle de Gand* ; la *prison-école agricole* ; la *prison-sanatorium* (pour tuberculeux) ; la *prison spéciale* pour psycho-neuropathiques (épileptiques) à Merxplas.

En Angleterre : les prisons de Worwood, Scrubes et Pentowille (Londres), Bournemouth, Dorchester (prison locale), Portland (Borstal Inst.), Pankhurst et Camp Hill (détention préventive), dans le Sud ; Borstal (Borstal Inst.), Broadmoor (asile d'aliénés criminels), Rampton (Inst. spécial pour anormaux dangereux) dans le Nord.

En Ecosse : Polmont (Borstal Inst.), Edimbourgh (prison nouvelle), Aberdeen (prison) et école industrielle de Oak-Bank-Peterhead (établiss. pour travaux forcés).

tentiaire, n'a presque rien à envier et a même nos colonies agricoles pénales que l'Angleterre n'a pas (1).

Je n'en dirai pas de même de la Belgique, qui est plus avancée. En Angleterre et, par exemple dans les Etats-Unis, on a réalisé dans le régime pénitentiaire des progrès admirables et même, quelquefois, excessifs. J'ai remarqué surtout que les établissements anglais de construction récente sont même trop monumentaux. Et la vie que les prisonniers y mènent n'est pas toujours en rapport avec la condition morale et légale du criminel. Je pense que l'Etat ne doit jamais perdre le sens de la proportion dans le traitement de ceux qui restent honnêtes malgré la misère et les occasions et de ceux qui par ces occasions ou par tendance propre commettent des crimes. Je ne crois pas que ce soit une forme prudente de défense sociale contre la criminalité que de donner au paysan et à l'ouvrier, qui sont la grande majorité des prisonniers, l'impression qu'après le délit leur condition — au moins matérielle — et en Angleterre même morale — n'est pas inférieure et quelquefois est même supérieure à celle qu'ils étaient forcés de suivre dans l'intimité de leur famille (2). C'est pour cela que je n'aime pas les prisons à l'architecture monumentale. Je pense que cette architecture pénitentiaire, si elle ne doit pas reproduire les horreurs des prisons médiévales, sans air, sans lumière, comme des forteresses, avec des barres énormes, ne doit pas non plus faire perdre à l'établissement pénal cette sévérité simple, qui est bien conciliable avec la disposition hygiénique des locaux, et même sans grilles (comme dans les *open-door* pour

---

(1) En Angleterre, la loi de 1898, organisa les services pénitentiaires avec : 1) Prisons pour travaux forcés (penal servitude) au delà de 3 ans ; 2) Prisons locales (condamnés à non plus de 2 ans) ; 3) Institutions Bostral (loi 1908 et 1914) pour condamnés âgés de 16 à 21 ans, détenus pour non plus de trois ans et non moins de 2, avec liber. cond. possible après 6 mois ; 4) Prisons « préventives » pour une détention supplémentaire (5-10 ans) des récidivistes dangereux ; 5) Asile d'aliénés criminels (Broadmoor) ; 6) Asile pour anormaux dangereux (Rampton) ; 7) Ecoles de correction et Écoles industrielles (dépendantes du Ministère de l'éducation) pour mineurs moralement abandonnés ou pervertis.

(2) Cette impression je l'ai eue spécialement à la « détention préventive » de Camp Hill (île de Wright) qui est cependant destinée aux récidivistes les plus endurcis.

Ils avaient l'air d'y être comme dans un pensionnat bien confortable. Et de même à la nouvelle prison d'Edimbourg.

aliénés communs), puisque les prisonniers modernes, en Angleterre et ailleurs, travaillent beaucoup en dehors de la prison, sans que le nombre des évasions ait augmenté.

Je dois cependant ajouter qu'en Angleterre et en Belgique — à côté des prisons monumentales — il y a aussi des hôpitaux et d'autres établissements admirables pour les pauvres honnêtes, et il y a une foule d'institutions sociales pour l'aide aux malheureux, qui portent la croix de leur existence sans arriver au délit.

***

Quant à mes impressions particulières, voilà les principales.

1) J'ai remarqué dans chaque prison anglaise importante la chambre lugubre des exécutions capitales. En Angleterre existe toujours la peine de mort : et on l'exécute une douzaine de fois par an, au moyen de la pendaison. Le traditionnalisme anglais à son expression aussi dans ce moyen de peine capitale, puisqu'on n'y a pas suivi le modernisme relatif de la guillotine ni le modernisme horrible de la chaise électrique.

J'ai toujours pensé que la peine de mort n'est ni nécessaire ni efficace pour la défense sociale et, puisque j'ai assisté aussi à une double exécution capitale (à Paris, en 1889), je dois dire qu'elle est aussi un spectacle horrible ; tandis que l'expérience de 35 ans depuis l'abolition de la peine de mort en Italie a démontré que dans notre pays les seuls délits qui aient remarquablement diminué, du 60 %, ce sont justement les homicides, les seuls qui étaient frappés par la peine capitale (1).

(1) Ferri : Un siècle d'homicides et de suicides en Europe, communication au Congrès intern. de statistique à Rome (sept. 1925). En Italie pour 100.000 habit. la moyenne annuelle des homicides a été :

12,2 en 1871-75.
4,1 » 1911-15.
4,5 » 1919.
7,3 » 1920.
7,5 » 1922.
4,9 » 1923.

2) Chaque prison a son église : anglicane, catholique et israélite s'il le faut, car l'Angleterre est un pays où le sentiment religieux a vraiment une profondeur, qui surprend et émeut. Une des observations les plus attrayantes qu'on puisse faire sur la psychologie du peuple anglais outre la profondeur des sentiments de sympathie humaine, sont l'apparence de leur froide réserve extérieure — et la sincérité intime de la pensée religieuse, qu'ils maintiennent également dans la prison.

3) Les Anglais aiment aussi le sport : même un peu trop. Je disais à quelques-uns d'entre eux, pour utiliser leur bienveillance à mon égard, qu'une forte manie collective pour les sports a envahi le monde anglo-saxon et de là elle s'est répandue partout ailleurs. Nous, latins, hommes de civilisation classique, nous ne pouvons pas oublier le principe classique *mens sana in corpore sano* et moi, en criminologue, je pense qu'un homme sain est un homme bon. Mais nous ne devons pas cependant oublier que les exercices du sport doivent être un moyen et non pas un but en soi : le moyen pour donner la santé et la vigueur physiologique et psychique : mais au delà de cela, comme du reste pour les Anglais l'a dit leur poète national Rudyard Kipling, l'amour pour l'étude et la résistance au travail intellectuel sont diminués par les excès du sport.

Dans les prisons anglaises j'ai remarqué que le sport existe — et cela est bien — mais quelquefois en forme excessive. Je l'ai dit à quelques directeurs de prison qui nous avaient montré, pour l'admiration des visiteurs, des équipes de prisonniers qui faisaient d'éclatants exercices de gymnastique et même d'acrobatisme gymnastique tel que grimper par des perches et des cordes, faire des sauts prodigieux, etc. Il me semble que ce genre de sport n'est pas approprié à des criminels : puisqu'en leur enseignant à grimper, sauter, etc., on risque de leur donner les moyens d'arriver facilement aux fenêtres des maisons, pour les piller...

En Belgique la prison n'a que la gymnastique suédoise, et je trouve que cette forme de mouvements hygiéniques et méthodiques, sans instruments d'acrobatisme, est plus utile pour la réadaptation sociale des condamnés, qu'on doit naturellement maintenir en bonne santé pendant l'expiation de leur peine, parce que dans la vie libre l'homme sain trouve plus facilement à travailler et peut mieux résister aux tentations criminelles.

4) Une caractéristique des prisons anglaises et écossaises est le nombre restreint de détenus par rapport au nombre des fonctionnaires, dans la proportion d'environ 1 fonctionnaire pour 3 ou 4 prisonniers.

Il serait possible de réduire le personnel de garde pour diminuer la dépense, que les contribuables honnêtes doivent supporter, pour l'entretien des criminels.

5) J'ai remarqué en Angleterre l'absence de colonies pénales agricoles. Tous les établissements pénitentiaires ont le type industriel, ce qui reflète la condition générale du pays. Et cependant il n'y a pas dans les prisons anglaises une organisation industrielle moderne (comme elle existe en Amérique) : ce sont les formes communes de travail (cordonnerie, menuiserie, fabrique de filets, d'habits, etc.). Mais alors le travail pénitentiaire ne peut pas arriver à donner des avances, qui diminuent ou effacent les frais de l'Etat.

Pour nous, Italiens, qui avons des exemples d'une agriculture intensive dans tout le pays, l'impression générale des comtés d'Angleterre, malgré la vision d'arbres magnifiques et de parcs attrayants, c'est l'insuffisance de la culture intensive de la terre. Les travailleurs anglais, me disaient les directeurs de prison, n'aiment pas le travail agricole, ils ne sont favorables qu'au travail industriel : de sorte que les soins du potager, du jardin, des étables dans les établissements pénitentiaires sont confiés aux prisonniers d'intelligence plus bornée, les seuls qui subissent ces formes de travail.

Les conditions bien différentes de notre pays nous ont fait toujours affirmer qu'en Italie on doit donner aux colonies pénales agricoles une extension de plus en grande (avec les travaux industriels annexes), car nos condamnés sont en grande partie des paysans et parce que le travail à l'air libre et au soleil est un puissant moyen hygiénique de santé physique et de rédemption morale.

6) Une autre particularité des prisons anglaises c'est que les condamnés ne sont pas payés pour leur travail, tandis que les aliénés criminels à Broadmoor le sont.

Le salaire, pour les condamnés, ne sert que comme marque de bonne conduite. La raison est dans la pensée traditionnelle, d'après laquelle le criminel condamné est moralement coupable et par suite il doit travailler sans droit à salaire; le criminel acquitté à cause de maladie mentale n'est pas moralement coupable et par suite il a le droit d'être payé. Et, à Broadmoor, on remarque même que les internés ont un traitement différent suivant leur classe sociale, puisque les riches peuvent se payer un traitement privilégié, ce qui n'est pas admissible dans un régime de justice pénale.

Le Congrès cependant, même avec l'adhésion des Anglais, est allé à une idée différente, car la force des choses et de l'expérience est supérieure aux habitudes mentales de la tradition. On a vu que les prisonniers, qui ne sont pas payés, donnent un travail peu utile puisque, même dans la vie libre, le travail qui n'est pas payé presque toujours vaut ce qu'il coûte. Le Congrès par suite (v. note n° 4), à propos du pécule des condamnés, a décidé qu'il est opportun de rémunérer le travail des prisonniers (1).

7) Dans les prisons anglaises on remarque celles que M. Maurice Waller, qui, avec Lord Polvarth, nous a été un guide savant et courtois dans ce voyage, appelait, dans un discours magnifique « les réformes invisibles » : c'est-à-dire l'esprit, qui anime la prison anglaise. Esprit d'autonomie et de dignité personnelle, que les Anglais ont dans leur psychologie nationale et appellent : *self-respect* et *self-government*. Le prisonnier y est regardé non pas

---

(1) Cela, je l'ai remarqué spécialement aux travaux forcés de Peterhead (carrière de pierres pour la digue du port). Le travail est plus ou moins dur et c'est le médecin de la prison qui en exempte les invalides et qui assigne la gravité du travail suivant la santé et la vigueur du prisonnier. Le climat cependant ne permet de faire ces travaux que pendant peu de mois.

A Peterhead il y a des condamnés pour la première fois, des récidivistes et des détenus en « détention préventive » qui sont séparés, par catégorie, seulement pendant la nuit.

comme un rebut social, mais comme un homme, qui a sa dignité personnelle et veut la faire valoir (1).

Et chez les fonctionnaires de direction, d'instruction et de garde le même esprit inspire leur œuvre dévouée.

On donne au prisonnier le moyen de pourvoir, avec sa propre initiative, à son élévation morale. Dans les *Borstal Institutions*, qui mériteraient une analyse plus ample que celle que je vous puis faire maintenant, ce sont les détenus eux-mêmes qui, par ex. enseignent à lire et écrire à leurs camarades. Et ainsi la discipline est confiée plus au contrôle réciproque des détenus qu'à l'imposition autoritaire des fonctionnaires (2). De sorte que dans l'organisation pénitentiaire anglaise il y a une âme de dignité et de responsabilité humaines qui est vraiment un puissant ressort pour le relèvement moral et social de la plus grande partie des individus tombés dans le délit. De sorte que l'Angleterre a déjà réalisé le postulat de l'école positiviste, que la *peine-châtiment* doit être remplacée par la *peine-défense* (pour les criminels les plus dangereux) et par la *peine-éducation* (pour les délinquants peu dangereux et plus nombreux).

8) Enfin ce qu'il y a de plus admirable en Angleterre, au point de vue de la défense sociale contre la criminalité, ce sont les institutions de la veille et du lendemain de la prison, les institutions de patronage.

---

(1) Le système classique, en Angleterre, pour l'évaluation morale des prisonniers est toujours celui des marques pour chaque catégorie, que *Spencer* illustra dans son essai « La morale de la prison » in British Quart. Rev. Juill. 1860 et vol. II des « Essais de morale », Paris, 1870. Et, cependant, l'esprit traditionnel conserve encore, dans les prisons anglaises, les peines corporelles (fustigation) pour infractions disciplinaires avec violence contre les autorités.

La punition est exécutée sur la proposition du Directeur avec approbation préalable du Conseil Central des Prisons.

(2) Cependant, j'aurais quelques remarques à faire sur les Borstal Institutions. D'abord j'approuve que les détenus soient réunis en équipes de 10-15 et chaque équipe soit dirigée par un détenu (de la classe des meilleurs) et sous sa responsabilité. Mais je ne vois pas pourquoi elles doivent recevoir seulement les enfants âgés de 16 ans et non aussi les plus jeunes. Ensuite, je crois que la possibilité d'un libération conditionnelle, après 6 mois pour les hommes et 3 mois pour les femmes est assez imprudente. Et je ne vois pas pourquoi il y ait le maximum de 3 ans, tout en considérant que le juge envoie aux Borstal Institutions les délinquants mineurs moins dangereux.

C'est une imitation de l'organisation d'Elmira qui pourrait être améliorée! Et je crois qu'elle l'a été dans les *prisons-écoles* de la Belgique, que j'ai vues (V. Delierneux, *La prison-école*, in *Revue belge de dr. pénal et criminel*, déc. 1923.

Je pense qu'on ne peut organiser une défense sociale efficace contre le crime, que, par deux conditions fondamentales. La première c'est que, par la classification psycho-sociale des condamnés dans chaque prison il y ait une population homogène (occasionnels ou récidivistes, ou névropathiques ou violents, mineurs et adultes, etc.) Seulement avec cela on pourra plus facilement réaliser, outre une particulière individualisation, un traitement hygiénique, disciplinaire et éducatif mieux approprié au caractère similaire d'un nombre de détenus et partant plus efficace pour leur réadaptation sociale. La seconde condition (1) c'est qu'avant d'entrer dans la prison (condamnation conditionnelle) et après la libération (sur parole ou conditionnelle ou même définitive) il y ait des institutions qui aident ces individus à reprendre le rythme rapide et tentateur de la vie libre sans retomber dans le délit.

L'Angleterre est en cela admirable. Tandis qu'en Belgique et dans les pays latins on regrette que l'action du patronage soit moins méthodique et efficace, en Angleterre, aussi en raison de conditions économiques meilleures mais surtout par suite d'esprit civique et philanthropique bien puissant, il y a beaucoup de citoyens qui se donnent à ces œuvres de patronage avec une constance systématique et consciencieuse.

J'ai assisté à une audience d'un tribunal pour mineurs (*Juvenile Court* de *Shodenish* (London) : un juge (M. Clark Hall) avec deux assesseurs, citoyens privés, qui ont seulement vote consultatif. L'enfant vient conduit par sa mère, ses parents : le juge a déjà, par écrit, des renseignements sommaires sur le cas : mais avant de décider après avoir interrogé les parents et l'enfant (et celui-ci près de lui, à basse voix), il reçoit par un ou deux des 15 ou 20 « *probation officers* », qui souvent sont des citoyens privés, et qui étaient dans la salle d'audience, les renseignements détaillés, qu'ils avaient recueillis sur l'enfant, sa famille, leur genre de vie, leurs conditions, etc. Et le juge adaptait sa décision à ces conditions personnelles et familiales, vis-à-vis desquelles seulement une telle organi-

(1) C'est une imitation de l'organisation d'Elmira qui pourrait être améliorée ! Et je crois qu'elle l'a été dans les *prisons-écoles* de la Belgique, que j'ai vues. V. Delierneux. *La Prison école*, revue belge de dr. pén. et criminel, déc. 1923

sation peut permettre au juge de n'être pas étranger au milieu social, d'où le criminel vient et où il doit retourner.

J'ai cependant remarqué, avec satisfaction, qu'en Angleterre, comme nous l'avons établi dans notre Projet de Code Pénal, les institutions de patronage sont subventionnées par l'État. Jusqu'à une époque récente elles étaient d'initiative privée; on voit que le rythme de la vie moderne avec ses exigences économiques existe aussi en Angleterre. Il y a deux institutions centrales; la *Borstal Association* et *l'Association centrale pour les libérés des prisons*, qui ont des fonctionnaires de surveillance, payés sur les fonds publics. Et pour chaque prison il y a aussi un Comité local de patronage (1).

C'est par cette œuvre admirable de surveillance et de patronage qu'on peut expliquer comment l'Angleterre soit un des rares pays civilisés qui aient su pratiquement, si même parfois d'une façon fragmentaire et peu systématique, organiser une utile défense sociale contre la criminalite (2).

* * *

Tel a été le Congrès pénitentiaire de Londres et je crois, qu'en dehors et au delà de ma satisfaction personnelle d'y avoir vu adopté les principales et plus caractéristiques conclusions de l'école italienne positiviste, je peux bien affirmer que malgré la prévision de quelques-uns qui pensaient que ce Congrès aurait été une sorte d'arche sainte pour les doctrines traditionnelles, au contraire il a marqué, et laisse en héritage au prochain Congrès international (à Prague en 1930) une étape décisive pour le progrès de l'organisation de la partie répressive d'une défense sociale contre la criminalite appropriée à la personnalité plus ou moins dangereuse des hommes criminels.

---

(1) Il y a aussi une *National Association of Probation Officers*, qui publie un bulletin périodique.

(2) Pour la propagande des réformes pénales est vraiment digne d'éloge la *Howard League for Penal Réforme* qui est animée par l'infassable secrétaire générale, Mlle Margery Fry.

THE INTERNATIONAL PENITENTIARY CONGRESS HELD IN LONDON

By M. Enrico FERRI
Professor of the University of Roma.

Address delivered in the Aula Magna of the University of Rome, 16 Nov. 1925.

While expressing to you my grateful thanks for your continued benevolence and sympathy I cannot refrain from voicing the sense of indignation which has recently swept the entire country and which should receive the attention of all students of criminology. I wish to refer to the recent cowardly attempt on the life of Mussolini which we shall examine juridically on a future occasion but which to-day, we can only judge as men and Italians, and express our profound indignation (*prolonged applauses*) at similar crimes, intensified a hundredfold in this particular instance, as we are firmly convinced that Benito Mussolini represents for Italy an infallible guide and force which we sincerely trust may be preserved to her for many years to come (*prolonger applauses*).

***

And now on approaching the serene and austere subject of criminology, I wish to remind my hearers that the year which is now drawing to a close has witnesses three events of particular theoretical and practical importance with regard to penal justice, which should interest all students of criminology.

In Italy the Minister of Justice has brought forward a Bill for the reform of Penal Law. A noteworthy and elevated discussion took place in the Chamber in May last on the learned reports presented by the Minister and the deputies De Marsico, Sarrocchi and Vicini, in which particularly all followers and sympathisers of the positive school of criminology participated, viz., Prof. De Marsico, the deputies Cavalieri and De Cicco, one of whom has also been a scholar of our school. They maintained that this reform of our penal laws from a practical viéwpoint is fully in accord with the proposals which the positive school has brought forward in the course of the last few years.

Despite the reserves of the Minister as to the traditional principle of moral imputability, we are following with sympathy this attempt to give effect to our proposals with regard to the struggle of society against criminality, which aims at superseding the present methods in the application of justice by realising the two principles, namely the more efficacious defence of society against the more dangerous criminals and a more considerate humane and reformatory application of justice in respect of the great majority of the occasional and less dangerous criminals.

We will have an opportunity of entering more fully into this question at a later stage. For our present purpose it suffices to have touched upon this vital problem, which is receiving the attention of all civilised countries interested in the reform of penal law.

Abroad another signal event is recorded viz., the International Conference of the Police which was held in New York in May last, where my illustrious and dear colleague prof. S. Ottolenghi drew the attention of the world on the methods adopted by the Italian Scientific Police. These differ technically from the methods in vogue in other countries in that the Italian scientific police to the technicism of the objective examination of following trails, impressions, locality, weapons, documents, etc., it adds the examination of the personality of the criminal, in accord with the teachings of the Lombroso school, which insist on the importance of studying the personality of the criminal, so as to enable society to take the necessary defensive measures against the criminal world. Italian scientific thought was thus able to affirm itself on the other side of the atlantic by focussing the sympathetic attention of public opinion of the foreigners, called the « contemporaneous posterity ».

The third event which should interest all students of criminology is the International Penitentiary Congress held in London, of which I will to-day illustrate its significance and deliberations.

***

As you are undoubtedly aware, the International Congress of London was held in August last and was the 9th of the series, and as on previous occasions it was admirably organised by the Permanent International Penitentiary Commission composed of the official delegates of the adhering States and presided over by Sir E. Ruggles Brise and the ever active General secretary Prof. S. Van der Aa. It was also assisted by the English Organising Committee of the Congress, and the Superior Prison Council, with Mr. M. Waller as its President and composed of Mr. A. Peterson, Dr. G. B. Griffiths, Lieut. Colonel J. S. Knox, and the indefatigable Secretary Mr. A. J. Wall. The first International Penitentiary Congress was held in London in 1872, following the American Penitentiary Congress of Cincinnati which was held in London in 1872, following the American Penitentiary Congress of Cincinnati which was held in 1870, wherein the proposal was first made by the Americans for the calling of these international meetings for furthering the development and organisation of the prison regime (1).

At the London Congress 36 States besides the Dominions of the British Empire represented with a total attendance of 558 delegates.

(1) The programmes and deliberations of the various International Congresses appear in a book of 200 pages entitled « Prison Reform at Home and Abroad », published by RUGGLES BRISE, Mac Millan et Co., Ltd. London. 1924.

Prof. Arturo Rocce, Prof. Ugo Conti, Prof. Vincenzo Mangini (who was present) and myself being the official Italian representatives.

***

In London great importance was attached to the International Congress both by the British Government, eminent politicians and noted legal personalities.

The Home Secretary, Sir. Johynson Hicks, in his inaugural speech at the Congress mentioned three very significant and eloquent facts. The first concerns the progressive diminution in the number of prisoners which has taken place in England in the course of the last twenty years viz., from 20.000 in 1878 to the present figure of 9.000. However it must be borne in mind that the latter figure must not be taken at its face value as the figures relating to criminality differ from those referring to the number of prisoners. The President of the Congress has expressly published a booklet of statistics on criminality in England and Wales, from which it may be gathered that crimes against persons and property with violence show a progressive increase although a diminution may be observed in relation to the total population (1).

(1) Ruggles Brise. *The Movement of Crime in England and Wales*, p. 14-15. The number of (*a*) offences denounced and of (*b*) individuals sentenced for «indictable offences».

		1857-62	1923
Offences agains persons	(*a*)	2.547	4.299
	(*b*)	2.066	2.943
Offenses against property with violence	(*a*)	5.250	18.033
	(*b*)	1.896	4.255
Offences against property without violence	(*a*)	77.816	84.791
	(*b*)	48.247	48.657
Total indictable offences	(*a*)	89.253	110.206
	(*b*)	53.840	65.764

The proportion for 100.000 inhabitants is given in respect of the total only, which is as follows:

(*a*) 451, (*b*) 272 in 1857-62. 207, 148 in 1923

As the population of England and Wales in 1861 was 28 millions and 38 millions in 1923 it is evident that the diminution has been effected chiefly in the great number of offences without violence.

This big diminution in the number of prisoners is due chiefly to the fact that the English are putting into practice the theory expressed by the Inspector General Griffith at our International Congress o Criminal Anthropology held at Geneva in 1896 viz., that offenders should be classified into two categories : those who should never enter a prison and those who should never be released. This theory is somewhat simple in its expresson, but the Homé Secretary himself in his inaugural address expressed better the similar opinion that penal legislation should fall into line with the criterion that it is difficult to enter a prison but still more difficult to regain liberty.

In fact in England the doors of an English prison are not readiy thrown open to newcomers because Englishmen who have no academic traditions and theoretical systems but have a clear practical sense, have realised that short terms of imprisonment may be advantageously substitued by other kinds of punishments and fines. The conditional sentence or probation system is widely applied in England as well as release « on parole », and the ordinary conditional release. By thus drawing a distinct line between the dangerous type of criminal, and as the less dangerous offender (star prisoners distinguished by a star denoting a first offence) are treated with considerble consideration viz., by the application of the conditional sentence or probation and « on parole », and also assisted toward social rehabilitation, it is natural that under these circumstances the number of prisoners now serving sentences in English prisons should have considerably diminished.

The second point raised in the Home Secretary's speech has interested me particularly because it deals with elements of facts. By the Law of 1908 on the prevention of criminality England has institued what my colleague prof. Ugo Conti would call the « complement of the sentence » which already existed in the Norwegian Penal Code of 1902, namely, the « preventive detention » of habitual criminals after these completed their sentence, in special establishments for a term of from 5 to 10 years in accordance with the English Law, where less rigorous discipline is enforced. This English experiment is of the utmost importance to us, because we being positivists favour indeterminate sentences, and we do not understand either the utility or the theoretical reason of a fixed sentence, to be followed by a further complementary term of imprisonment which may be likened to an order given by a doctor to a consumptive patient to remain for a definite time in the corridors of a hospital before being sent into the mountains to complete his cure. The official declaration made by the Minister has greatly interested me because in agreement with the Lord Chancellor of England he announces that the complementary sentence has given unfavourable results. This is to be attribued undoubtedly to the fact that the sentence being for a definite period, from 5 to 10 years, there is no incentive on the part of the prisoner to rehabilitate himself, as he is fully aware that he cannot be detained for a longer period. This is a fact of the utmost importance given the power and the means which the Government and the Prison Authorities have at their disposalf or the rehabilitation of the worst types of criminals.

***

The importance of this Congress was also shown by the fact that 6 Vice-Presidents (Ferri, Hastings, Hart, Klein, Maus, Roux, Waller) and two supplementary general secretaries (Danjoy and Lord Polwarth) were added to the Presidency and also by the interest evinced by four of the most noted public men who came on each day to inaugurate our work with speeches on special subjects.

The first of these distinguished personages to participate in the work of the Congress was Lord Asquith who as an ex-Home Secretary spoke on « the principles of punishment ». He alluded to the imperishable fame of Cesare Beccaria and Cesare Lombroso the only two scientists who have always been remembered at all the General Assemblies of the International Congress of London, and it is highly satisfactory for us to note that Italy still holds the foremost place in scientific thought which controls human justice (*applauses*).

Lord Haldans spoke on « The meaning of punishment » and the English method, which has all our approval, out different treatment to the first offender as distinguished from the habitual criminal who is a danger to society.

Lord Howart (Lord Chief Justice of England) spoke next on « the alternatives to Imprisonment », maintaining the principle expressed by previous Congresses as to the undesirability of short-term sentences and proposing the substitution of same by other social defensive measures.

Finally the words of Lord Cave (Lord Chancellor) who is known in England as the « fountain of justice », produced the greatest impression on the members of the Congress, with a very important speech on « The indeterminate sentence ». He is the legal adviser to the Government, and the appointments of the magistrates of England, who constitute a powerful and moral social force in the land, which is due to their limited number, are made by him. In England there are 36 « judges », and they are the Magistrates who preside over the Assize Courts, and about 420 « magistrates » and « recorders » who preside police and summary jurisdiction courts. The « Justices of the Peace » who are simple citizens, handle the biggest volume of legal matters, and they may be compared to our « conciliatory judges ».

The English judges have strong conservative leanings as most of them are recruited from the conservative elements of the country.

The 35 « judges » are chosen from the most celebrated lawyers but the English who are above all things a practical people have laid it down that all candidates for the judgeship must not only be in the forefront of their profession but they must also be men of substance. Prosperous financial conditions are then insisted upon as a guarantee at least of a material character, because the only guarantee of any real value is moral uprightness.

It is therefore not to be wondered at that the English judges should have strong conservative leanings. Some of them have attended the Congress for the purpose of expressing their disapproval of the inderminate sentence and they were surprised to hear the Lord Chancellor make a declaration in favour of the indeterminate sentence, especially in regard to minors, undergoing sentence in Borstal Institutions which are to be foundin England, and which are modelled on the lines of the Elmira (N. York) reformatory, which in the words of its founder Doct. Brockway came in existence, as a result of Dr. Lombroso's teachings. Similar institutions, but better organised, known as prison-schools for minors, have also sprung up in Belgium. But also in regard to adult prisoners the indeterminate sentence (which is erroneously called thus, as it is not a question of the sentence being indeterminate which in reality it is nothing of the kind, as only in cases of convicted prisoners awaiting sentence is the term of imprisonment not defined) was favourably considered by the Lord Chancellor after having repeated the statement of the Home Secretary, as to the complete failure in England of the complementary sentence (preventive detention) for habitual criminals.

***

The importance of the Congress has naturally increased as a result of the wider scope given to the discussion and the spirit of the resolutions. I am of the opinion that the Congress has marked a decisive stage on the road of the evolution of penitentiary doctrines and organisation.

In the story of the penitentiary Congresses from the first held in London (1872) and the last in Washinton (1910), the evolution has been effected in the following manners : At first the Congresses dealt principally, as was quite natural, with prison technicism. Even as far back as 1885 at the Congress held in Rome, the third of the series, which was noteworthy for its exhibition of model prisons, the chief preoccupation of the members concerned the architectural arrangements of prisons. As at the time perpetual isolation was considered the only remedy for criminality, the penitentiarists after a summary discussion of the discipline and training of prisoners, concerned themselves chiefly with the questions relating to the internal arrangements of the cell, doors, locks etc. as if such matters could have any influence on criminality even in regard to the extreme and negative remedy represented by the punishment and its application.

Successive Congresses, particularly those following the Paris meeting of 1895, instead of concerning themselves almost exclusively with prison technicism examined closely the question of *social exigencies* in respect of criminality.

The problem arising in connection with recidivists criminals who are to be met with in such painfully large numbers in civilised countries, was brought up for discussion together with the following questions: the influence of alcoholism on criminality, the competition of prison labour with the work of honest workmen, the supervision and protection of released prisoners and criminality amongst minors etc. From this wide range of subjects which were discussed it may be gathered that under the influence of the positive school, the penitentiarists realised the importance of social environment in which the offender lived, and to which he will return on his release. This point was stressed by me at the Rome Congress in 1885 and the pungent words which I uttered on that occasion in respect of the isolation system which then was considered the only efficacious remedy for stemming the tide of criminality, which I proclaimed to be « *one of the aberrations of the 19 th century* » made a great impression on public opinion.

On this same occasion I also launched my indictment against the cellular system, particularly in regard to the Italian viewpoint. It is not surprising that Scandinavians and Scotchmen who are compelled by the rigid climates of their countries to keep to their houses for months on end should adapt themselves more readily to an isolation cell. But for us southerners who have the good luck, as in our case, to live in a country continually bathed in the revivifying rays ofthe sun, an isolation cell which is tantamount to being buried alive, signifies utter moral and physical annihilation, and would reduce us to the level of ferocious beasts.

I was surprised to hear from the inaugural speech of

the Home Secretary that England had abolished the permanent (diurnal) isolation system.

For obvious reasons there only exists as we have always maintained nocturnal isolation (1).

This evolution of International Penitentiary Congresses from *prison technicism* to the consideration of *social exigencies* has reached a definitive stage at the London Congress because this Congress has brought to the fore the consideration of the *personality of the criminal.* At the London Congress all questions dealing with prison architecture, the manner of building prisons, and other kindred subjects were not even brought up for discussion.

The only question which was thoroughly gone into related to the study of the criminal. You will understand that Lord Asquith who is always to the forefront in questions relating to mental development of man should have alluded only to three persons.

The Englishman Howard, after the generous protest of Beccaria (1764) initiated (with a book on English prisons 1777) the movement of prison reform. Lord Asquith lastly mentioned Cesare Lombroso as the man to whon all the merit belonged for having taught human justice how to study the human criminal. It is true that he went on to, say that Lombroso has limited his studies to the consideration of the organic character of the offender, but shortly afterwards in speaking of him I rectified this assertion, saying that despite a legend which had been woven around the first polemics, according to which, Lombroso only devoted himself to the study of the cranium of the criminals. The truth is that the positive school always considered the criminal not only a san individual and organic entirety but studied him principally from a psychological point of view and regarded him as the reflex

(1) These two practical examples given by England, the utter *failure of the complement of the sentence* for habitual criminals, and abolition of the *isolation system,* must be added to the other example given by England, viz., the *abolition of deportation*, despite its having been in existence for nearly a century, and the limitless territories and powerful Navy possessed by England. Penal legislators will have to take this fact into account. Anyhow, these three experiences of a great nation, confirm the conclusions arrived at by the Positive School and the propositions of our Project for the Italian Penal Code.

of the physical and social surroundigs which together with the human personality determine the criminal type, as was clearly shown by me at the Criminal Anthropological Congress of Geneva in 1896.

***

The personality of the criminal in fact not only drew the attention of the Congress but was also taken into consideration in their deliberations. The president of the Congress himself Sir Ruggles Brise in his opening speech following the Home Secretary, pronounced the following words « In nearly all civilized countries it had become more and more recognized that the personality of the offender must enter into the legal conception of the degree of guilt and the special attribution and character of the penality... « Therefore it is necessary to study criminals pathological and psychological ». It is important that he should have referred to the law as it is well known that certain adversaries of the positive criminal school are of the opinion that the personality of the criminal should only influence the judgement, that is the findings of the judge, and others consider that this influence should only be extended to the execution of the sentence. We are of the opinion (and we have given an example for the first time in the penal legislation in respect of our Project for the Penal Code that the personality of the criminal before being taken into consideration in the trial, and execution of the sentence, must be considered firstly by the criminal law.

This was the spirit of the Penitentiary Congress of London in which out of the 13 questions brought up for the discussion by the 3 sections (legislation, prison administration, prevention) 5 were related to secondary problems of a technical character, but 8, that is the great majority, dealt exclusively with the personality of the criminal.

Of the 5 secondary arguments, one dealt with penal procedure in relation to which the Congress on the so called « *principle of opportunity in the promotion of legal action* », approved a resolution moved by me which was drawn up in agreement with Liepmann (Germany); Roux (France) and Speyer (Belgium), which declared that the principle of opportunity should be under the control of the judicial authority as provided by Art. 179 of the Italian Penal procedure (1).

This was followed by a resolution proposed by Prof. Delaquis (Switzerland) dealing with the solidarity of the States in their struggle against the criminal classes who may exercise their criminal activity in the different countries, viz., thieves and international forgers (2).

A resolution was also adopted on *film censorhip* — including an international censorship — and also on exhibitions provided for young persons (3).

---

(1) Sec. I. — Quest. I (*Rep. Prof. Liepmann*).

« Having regard to the general tendency of the evolution of penal law, a wide application of the principle of opportunity is recommended in all cases where the general interest would be better served by suppressing proceedings.

« For offences against police regulations and offences committed by minors, the principle of deciding whether proceedings should be suppressed or not for reasons of opportunity ought to be very broadly applied.

« The exercise of such discretion should be subject to a control. At the same time, having regard to the diversity of judicial organisation in the different countries, it is not possible in an international congress to specify the kind of control which should be exercised, notably by the judicial authorities or by allowing the public to prosecute »,

(2) Sec. III. — Quest. 2 (*Rep. N. Kendal*).

« The Congress considers that the struggle against the criminal would be facilitated if different States could agree to allow direct inter-comunication between the judicial and police authorities of different countries with a view to the speedier arrest of offenders of certain specified classes, or the exchange of information with respect to dangerous criminals. Each State should appoint a Central-Police Authority authorised to communicate directly and without needless complications with the corresponding authorities in other States.

« As to the law of extradition the time has not yet come to attempt the conclusion of a universal Extradition Treaty, but it is more desirable at present to draw up a draft treaty which might serve as a model for special treaties between individual contracting States. The Congress begs the international Commission to accelerate the work of the Sub-Commission which has such a draft Treaty under consideration. »

(3) Sec. III. — Quest. 3 (*Rep. A. H. Houston*).

A. 1) An effective film censorship should be set up in every country with the primary object of protecting the youth. It is necessary to take speciat measures and to inspect cinemas to ensure the carrying out of the decision of eensorship.

2) The censorship should not be confined to questions of obscenity, but

Another resolution was further carried in connection with the pecuniary payments to prisoners whereby the proposal contained in our project in respect of italian penal code was also approved viz., that the money earned by prisoners by work compulsorily performed, should be distributed in the following manner: a part to the state, in repayment of the liabilities incurred by the prisoner, another to the victim in settlement of damages, and a third to the prisoner and his family (1).

A further resolution was adopted for the supervisíon of convicted and released prisoners, with which our proposals were also accepted, namely, that the expenses in connection with the said supervision should be borne by

---

should deal with all matters connected with the cinema, calculated to injure or deprave the young.

3) Special exhibitions with special plans should be provided for young persons.

4) The State should subsidise organisations for the production of plans which are of real value for young people and the general public.

5) The question of the film is of international import and should be dealt with and regulated by international agreement. Each Country should do all that is possible to prevent the exportation of films condemned by its own censorship.

B. As regards pictures other than films, the case would be substantially met by the strict enforcement of the provisions of sept. 1923.

(1) Sec. II. — Quest. 4 (*Rep. N. G. Mitchell Innes*).

1) Though the State is under no obligation to pay for work compulsosily performed by prisoners, it is desirable that it should encourage them to work well by offering a recompense.

2) Where this recompense takes the form of pecuniary payment, it should not be liable to seizure, nor (as a rule) should the prisoner be allowed to dispose of it in making outside payments, except, perhaps, in the case of serious illness in his family where no gratuitous aid is procurable or in the case of poverty of his family. The inviolability of this recompense does not extend to moneys brought in by the prisoner or acquired by him during his sentence from outside sources.

3) It is desirable that the gratuity (whether augmented by rewards for good work or not) should be utilised, *inter alia,* for the purpose of repaying the liabilities of the prisoner both to the State and to his victims after fair and reasonable provision has been made for prisoner's wife and family.

4) The prisoner on discharge should not be at liberty to deal whith his gratuity as he chooses. It should be regarded as in the hands of trustees who will expend it for him as seems best in his real interest.

5) Minors should be able to earn an amount sufficient to constitute a small capital for them on attaining their majority. The precaution against squandering this should be applied even more strictly than in the case of adults.

the State as private entreprise can not cope with the situation even in England (1).

*
* *

The remaining 8 resolutions concern exclusively the personality of the criminal. A few deal with the treatment ofthe less dangerous criminal : *substitution of other forms of punishment* (2) and the boarding out of criminal minors with families (3).

---

(1) Sec. III. — Quest. 1 (*Rep. B. Thomson*).

The Congress considers that the control of persons sentenced or released under conditions should not be exercised by the police.

The organisation might consists either in private societies financially supported and supervised by the State, or in official or semi-official organisations, or persons paid by the State and placed at the disposal of the Courts (without any connection with the police).

For all persons released conditionally supervision should be obligatory.

Submission to supervision should be voluntary only when the sentence has been completed.

The Congress is also of opinion that international agreement should be fovstered between the Central Societies of the different countries to provide for released persons who go to a country other than that in which he was sentenced ».

(2) Sec. I. — Quest. 2 (*Rep. J. S. Knox*).

The Congress hopes that every endeavour will be made to substitute in suitable cases other awards in place of imprisonment.

The Congress suggest in particular that :

1) The system of probation should be extended to the utmost extent.

2) The machinery for payment of fines should be developed so as to eliminate as far as possible imprisonment in default of payment ».

Amendment Van der Aa (under n. 2) :

2) The power of Court to impose fines should be extended and...

(3) Sec. III. — Quest. 5 (*Rep. Miss M. Fry*).

The Congress is of opinion that :

1) Children brought before the Courts and convicted of offences, should be, where possible, boarded out in selected families, in all cases where their parents are incapable of providing for their moral education, In boarding out the aim of reforming the children for life should always be kept in view.

2) This method should only be employed where a complete preliminary examination of the child from the physical mental and moral point of view has been made and has not shown it to be desirable that he should he placed in a special school or a reformatory school.

3) It is desirable in the choice and supervision of foster-parents to make ues of the services of either local authorities or of recognized private Societies.

Several of the resolutions dealt with the more dangerous types of criminals and consequently with « preventive detention » or completion of the sentence, which subjects however received scant attention, as a result of the declaration made by the Home Secretary, and the Lord Chancellor, as to the unfavourable results obtained from the above measure, and after the congress had voted in favour of the indeterminate sentence, the resolution that was carried provided in place of the 5 to 10 year's detention, an indeterminate period (1). A resolution was then formulated by Prof. Delaquis with regard to the abnormal adults, showing dangerous tendencies, which as a special character theoretically considered, and which in England, has already been applied, as exemplified by the Rempton Institute which is something between the police and penal justice (2).

Moreover the rights and obligations of the foster-parents should be regulated by a written agreement.

4) The foster family should provide for the Child a complete education and a training to earn his living. It is right that the family should be paid for the trouble and expense, but as soon as the child is able to earn his living he should receive fair wages for his work.

5) It is necessary that the foster family as well as the intermediary societies should be under public control.

6) It would be useful to establish special courses of lectures and conferences dealing with the fundamental principles of the education of delinquent children and in choosing foster parents to give preference to those persons who have attended, with profit, such lectures and conferences.

(1) Section III. — Quest. 1 (*Rep. L. S. Brass*).

The first paragraph of the resolution (adopted by the Section before the vote of the Congress for the indeterminate sentence) has been drop.

The resolution was adopted by the Congress as follows :

1) The special detention should be ordered by the judicial authority ;

2) While the object of the detention is primarily preventive, reformative influence also should be exercised as far as possible.

3) The conditions of such detention should be less rigorous than those of ordinary penal discipline.

4) The length of the sentence should be indefinite : there should be a power of conditional discharge vested in a Secretary of State or other competent authority, who should be assisted by an Advisory Committee at each Institution and who should be obliged to look,into the matter periodically.

(2) Section III. — Quest. 4 (*Rep. E. Delaquis*).

1) It is desirable that abnormal adults showing dangerous tendencies should be sent by the judicial authorities to non-penal institutions or colonies in which they should be treated and detained until conditionally discharged by

You are aware that the positive criminal school from the start has drawn the theoretical and practical attention on the principle of the dangerousness of the criminal (the « fearfulness » by Garofalo, 1878). The matter been discussed at length also by the *International Union of criminal law* but no conclusion has been reached as to whether this dangerousness of the criminal is definable to any extent.

It has come about that up to now with regard to this dangerousness of the criminal no fundamental distinction has been arrived at, in which connection however, I consider that one must distinguish the *social dangerousness* of an individual which is a matter that concerns the Safety Police, and may be quite independent of his having or not committed a crime. For example we have the lunatic who is not necessarily a criminal, but may at the same time represent a danger to himself and others, and should receive the attention of the security police, but is not a subject for penal justice. Penal justice lays it down that *criminal dangerousness* only manifess itself after the crime has been committed. It is useless to talk of the dangerousness of the criminal if we have not the criminal first, if the criminal has not comitted the crime. One must therefore distinguish between the social dangerousness (security police) from the criminal dangerousness (penal justice).

Now in England there is an intermediary Institute. We have the large criminal lunatic asylum at Broadmoor which I have visited, and which houses criminal lunatics who have been acquitted by the penal judge, but there is also a special institution at Rampton for abnormal adults, where as allowed by law, they may be interned to undergo

---

the competent authority, who should be assisted by an advisory committee a each institution.

2) Young persons of the same category should be similarly dealt with, but in separate institutions if prophylactic measures have failed.

3) Conditional discharge, effective probation and close supervision of abnormal persons who have been liberated from institutions are an absolutely necessary measure.

4) From the point of view of public welfare it is essential to develop institutions for mental hygiene and prophilaxy which would allow us to discover each case of abnormality and mental defect.

a cure. The judge sends to the Rampton Institute dangerous abnormal adults, who may also be criminals, but may not be committed for trial, and also offenders who lost their reason when undergoing their sentence, besides offenders who are sent there by Prison Directors and Municipal Authorities.

Here we have an intermediary Institute for individuals who may neither be classified as socially, or criminally dangerous, whose object is to prevent the commission of crime.

***

Finally amongst the resolutions adopted by the Congress there were those which related to questions dealing with the personality of the criminal.

A resolution was passed recommending the institution of *laboratories of criminal anthropology*, modelled on the lines of the one in Belgium and as a result of the propaganda carried out by me at the University of Brussels from 1895 to 1905 the Minister Rankin in 1907 on his own initiative had an anthropological laboratory built at Forest (Brussels prison) under the direction of Vervaeck who enjoys a world wide reputation as a leading anthropologist (1).

The aforesaid laboratories received by the Minister Vandervelde (1919-20) a better organisation, in accord with more important penitentiary reforms In Belgium the reforms have been carried through by the Government. Penal legislation is still the same. Only one bill (Feb. 1923) was presented by the Minister Masson with parliamentary reports of Vandervelde and Carton de Wiart, dealing

---

(1) Section II. — Quest. 2 (*Rép. G.-B. Griffiths*).

« It is necessary that the accused as well as convicted prisoners should be physically and mentally examined by specially qualified medical practitioners and that the necessary services should ba installed for this purpose in the Institutions.

« Such a system would help to determine the biological and sociological causes of criminality and to suggest the suitable treatment for the individual offender.

with dangerous normal adults, habitual criminals and minors.

At the London Congress a resolution has been carried advising the *anthropological classification of prisoners* so that in accordance with our project prisoners of the same category may be housed in separate establishments. This has not yet been done even in England, as in those prisons one may still see first offenders, and recidivists, thrown together promiscuously when at their work, which retards considerably the praiseworthy efforts of the prison officials to re-educate prisoners and render them fit for Society, notwithstanding the division according to categories of sleeping quarters (1).

A detailed resolution submitted by Prof. Gleispach (Wien) was unanimously adopted on the *judiciary individualization of the sentence.* With this resolution the principal proposals of the Italian School were adopted : the separation of penal judges from civil judges, and the obligation on the part of the penal judge to have a special knowledge of psychology and criminal psychopathology, as well as legal medecine, criminal sociology, and the obligation also on the part of the judge to observe and study the character and antecedents of the prisoner (2).

---

(1) Section II. — Quest. 3 (*Rep. M.-H. Lamb*).

The Congress propose :

1) That the prevention of the contamination of the less criminal prisoner by those more experienced in crime is one of the first essentials in prison treatment.

2) That after the necessary divisions according to age and sex have been made and the mental status of the prisoner has been taken into account classification should be according to character and ability to be roformed.

3) That the shorter term prisoners should be treated apart from those with longer sentences in order that a regime or course of training appropriate to the latter but not possible with the former may be applied.

4) That the various classifications of prisoners should be located separately and where possible in different buildings either in the same establishment under the one administrative head or, in certain cases, in special establishments.

5) That it is difficult to apply the necessary individual treatment of prisoners where the number in any one establishment exceds 500 ».

(2) Section I. — Quest. 4. (*Rep. F. Gleispach*).

The Congress expressed the opinion, that before imposing any sentence or penalty it should be an essential condition in the criminal procedure of all countries that the Judge should inform himself of all material circumstances

As Italians we were justly proud to see realized our scientific ideals in this International Congress.

***

Finally the Congress expressed foundamental, decisive opinion for the indeterminate sentence (1).

---

affecting the character, antecedents, conduct and mode of life of the offender and also any other matters which may be necessary for the purpose of properly determining the appropriate sentence or penalty.

And in pratice :

1) That penal law should give the Judge a choice of penalties and similar measures for prevention and security aud should not strictly limit his power. It should only lay down general directions and so leave the Judge free to apply the principle of individualisation.

2) The Courts should be specialised as far as possible and, in particular, the juvenile courts should be separate from those for adults.

3) Judicial studies should be supplemented by criminological ones. All who witsh to be magistrates should be compelled to attend lectures on psychology, sociology, forensic psychiatry and penology.

4) The judges should devote themselves solely and permanently to criminal law and there should be sufficient opportunity for advancement in the branch.

5) Courses of lectures should be established to complete their knowledge of criminology. They should have a full knowledge of prisons and similar institutions and should visit them frequently.

6) The judge before determining the penalty should have a full knowledge of the physical and psychic conditions and the social life of the accused and the motives far the crime.

7) For this purpose enquiries about all his circumstances should be made before the trial. These enquiries should not be made by the Police, but should be those of the magistrate himself or of persons authorised by him for this purpose, whom he should have at his disposal.

8) Penal law should give the judge the power of obtaining information from everyone who knows anything about the personality of the defendant and his social environment.

9) If these means give no sufficient idea of the physical and psychic condition of the defendant the judge should be allowed to have him examined by physisians and psychologists.

10) The trial ought to be divided into two parts : in the first the examination and decision as to his guilt should take place ; in the second one the punishment should be discussed and fixed. From this part the public and the injured party should be excluded.

(1) The following reports have been presented to Congress (Sect. I, quest. 3) ; prof. *De Asua* (Madrid), favorable ; prof. *De Balogh*, ex-minister of justice (Budapesth). fav. ; prof. *Conti* (Sciene), contr. ; *Coulon* (Beauvais), contr. ; prof. *Hafter* (Zürich), fav. ; *Holmar*, probation officer (Sheffield), fav. ; prof. *Hugueney* (Paris), relatively fav. ; *Lawes*, director of prison Sing-Sing (N.-York), fav. ; prof. *Milota* (Bratislavia), fav. ; lord *Gands*, of the Supr. Court (Edimbourgh), fav. ; prof. *Stiernberg* (Stockholm), relat. fav.

Opposition was not lacking in the name of traditional principles. I replied as we were all in high spirits, that it was hardly necessary to call an international congress, merely for preserving intact traditions, and that a similar object could be achieved by the members remaining at home. Evidently the aim of an international congress should be to realise some progress regardless of traditions, especially if these have already been set aside by the social experience of other civilized countries.

Several English judges also opposed the indeterminate sentence in the name of the rights of the individual, which principle in the English and Anglo-Saxon conscience is strongly rooted, and the institution of the indeterminate sentence when not technically specified may give the impression that the individual guarantees are lacking.

But it was a simple matter for me to show that the sentence or imprisonment for an indeterminate period in no way whatever suppresses the guarantees of the rights of the individual, butr ather if anything, it increases them, as we desire that the execution of the indeterminate sentence should be transferred from the administrative authority as is England, to jurisdictional authority. We desire that the judge should not only apply the sentence himself, but that he should provide for the ulterior execution of the sentence in relation always to the personality of the convicted prisoner. On the other hand the traditional principle of an established proportion between the sentence and crime with a definite term of imprisonment for so many years, months, and days, has received its death blow by the institution of the conviction and conditional release (probation, parole) and by the right vested in the government to grant a pardon.

The resolution on the indeterminate sentence which I had the honour to move at the Congress obtained the signatures of the representatives of Belgium (Servain and Vervaeck), Greece (Caloyanni), Cuba (Regeiferos), Hungary (Dr Howarth), but, above all it was enthusiastically supported by the numerous delegation of the U. S. (Bates, etc.) as the initiative for the indeterminate sentence belongs to the United States.

I have already mentioned the American penitentiary

Congress held at Cincinnati in 1870, which marked an important stage in the advancement of prison regime. At the said Congress 41 resolutions were adopted, of which a few (following on the previous report drawn up by Wines-Dwight) referred even then to the indeterminate sentence, which was amply discussed and considered by the International Penitentiary Congress of Washington (1910) and is now on the Statute Books of several States of the Republic (1).

Therefore it is not surprising that the Official representative of the United States should have given his support to the resolution which aimed at securing the triumph at the Congress of the principle of the indeterminate sentence, which undoubtedly constitutes the most radical reform ever attempted in the field of penal justice, both in the theoretical and practical law.

The following are the terms of my resolution :

« The Congress considers that the indeterminate sentence is the necessary consequence of the individualisation of punishment and one of the most efficacious means of social defense.

« The indeterminate sentence, with guarantees and rules for conditional release of prisoners and with executive adaptations following national conditions should have a maximum fixed by the sentence for first offenders responsible for minor offences. For the habitual criminal and for the more dangerous criminal it ought to be organized so that conditional release of the prisoner cannot take place if he is not readapted to society ».

The previous section wherein in pursuance of the technical arrangements this question was thoroughly examined (Reporter J. H. Brodrick) and the terms of this resolution were adopted by a big majority. At the Congress there were certain persons who being lukewarn

(1) The following publications have been issued on the above question : *Kraepelin*. Die Abschaffung des Strafmasses. Stuttgart, 1880; *Levy* : Des Sentences indéterminées, Paris, 1896; *De Notari Stefani* : La pena indeterminata, Napoli, 1907; *Lacoste* : Etude Hist. sur l'idée de sentence indet, Paris, 1909; *De Asua* ; La sentenza indeterminata. Madrid, 1913; *Lindsey* ; Histor. sketch of the indet. sent. and parole system in *Journ. of crim. law and criminology*, Chicago, May 1925.

supporters of the indeterminate sentence suggested for the second part of the resolution an amendment that should be less definite. But this amendment that had for its object the restriction of the principle of the indeterminate sentence obtained the opposite result. In fact at the General Assembly the President declared that the first part of the resolution moved by Ferri should be adopted unanimously, and this the Congress proceeded to do. With regard to the second part of the resolution the following amendment was submitted which I and the other subscribers and Rappaport (Poland), Liepmann (Germany), Lamb (England) and Butler Amos (United States) accepted :

« The law of each country should determine whether and for what cases there should be a maximum duration for the indeterminate sentence. »

That is to say that maximum allowed by us as an accepted principle in respect of the less dangerous criminals, is not insisted on in the amendment in an absolute manner.

As it is well known with regard to the indeterminate sentence there are those who always wish for the absolute form of indetermination without an established maximum, and therefore the amendment in this sense, has gone beyond my resolution which for the less dangerous criminals admitted without any difficulty a maximum, that is a sentence relatively indeterminate.

The amendment then reproduces my words :

« There should in every case be guarantees and rules for conditional release with executive adaptations suitable to national conditions ».

With this vote on the indeterminate sentence which it applies not only in respect of the recidivists but for all criminals alike, the Penitentiary Congress of London has put the seal on the spirit of its discussions, which are in evident agreement with the practical proposals of the Italian Positive School.

Naturally in a Congress composed of technicians, no academic question could arise, and we ourselves had no opportunity to insist on theoretical assertions, for which no consent would have been obtained, which is also withheld in the report drawn up by the Minister Rocco on the reform of penal law, wherein he expresses certain reserves on the traditional principle of moral guiltiness. Further on however we find ourselves in full agreement on practical gound when he agrees to insert in the Penal Code, to the great horror of the traditional doctrinaires « measures of safety » against criminals so called « morally irresponsible ». Therefore in London I felt that, in the meantime, it would be advisable to consolidate the success by this acceptance on practical ground, leaving it to time and experience for the inevitable force to carry this legislative reform from the practical sphere to the assumtions of principle, without which these reforms would lack vitality and practical efficacy.

***

This concludes my account of the discussions which took place at the London Congress. I now wish to say a few words with regard to the visits paid to the various penitentiaires which the English Executive Committee kindly arranged on behalf of the official delegates of the 84 States and I was thus able to inspect 15 English and Scotch prisons, besides those 5 which I had visited in Belgium (1).

I will only give some brief impressions of my tour because when one goes abroad it becomes evident that by visiting other countries one is better able to judge one's own. As long as we remain at home we are very suscept-

---

(1) In Belgium I visited the Prison of Forest (Brussels with its Anthropological Laboratory directed by Vervaeck); the *industrial prison school* in the central prison of Gand; the *Agricultural prison school*, the *sanatorium for consumptives* and the *hospital prison* for psycho nevropathics-epileptics, etc., at Merxplex.

In England : I saw Wormwood Scrubs, Pentoville (London); Bournemouth Dorchester (local prison); Portland (Borstal Institution); Park-hurst and Camp Hill (preventive detention for old offenders); in the South, Borstal (Institution); Broadmoor (criminal lunatic asylum); Rampton (special asylum for dangerous deficient) in the North.

In Scotland : Polmont (Borstal Institution); Edinburgh (New Prison); Aberdeen (Prison and Industrial School Oak Bank); Peterhead (establishment for penal servitude).

ible to all its inconveniences, drawbacks etc. which are found everywhere, and do not appreciate all that is best in our country because we get used to it. When however we venture abroad we quickly realise that the same inconveniences etc. exist to a greater extent than at home, where in certain respects we are ahead of other countries. Therefore on visiting these English prisons I formed a general impression that our own prison arrangements, despite our meagre financial resources, in comparison with the powerful financial means of Great Britain for meeting the needs of its few prisoners, we need not envy the organisation of that country, and we have penal agricultural colonies which do not exist in England (1).

The above however does not apply to Belgium, as this country is far ahead in this respect of the United Kingdom, and in my opinion every other civilized country, including the United States, despite the wonderful achievment by this country in prison regime, which in certain cases may be considered almost excessive.

In England I have noted that certain prisons, especially the most modern ones, are too monumental in their architectural style and the life which the moral the prisoners lead is not in keeping with the moral and juridical condition of the criminal.

I consider that the State should not lose a sense of proportion in the treatment of those who do not deviate from the path of honesty despite opportunites and poverty, and those others who embrace a criminal career either because they have criminal tendencies or as the result of penury and opportunities (Applauses).

I do not think that it is a wise policy with regard to the struggle against criminality to give the agricultural and industrial workers who supply the biggest number of inmates to the prisons, the impression that their mater-

(1) In England the law of 1898 organised prison services with : Prisons for penal servitude (3 year and more sentences) ; 2) Local Prisons (2 years utmost); 3) Bostal Institutions (law 1907 and 1914) for prisoners 16 to 21 years of age) maximum sentence 3 years, minimum 2, cond. release after 6 months : 4) « Preventive Prisons » for additionnal detention 5 to 10 years, for old offenders; 5) Criminal asylum (Broadmoor) ; 6) Asylum dangerous abnormal adults (Rampton). — Reformatories and industrial schools uneducated (perverted children) under the Ministry of Education.

ial and moral conditions have undergone an improvement in their new surroundings. I spoke out quite frankly on this point to my English friends, who desire like all strong and practical people to be told the truth, and said that I found their prisons too sumptuous and not suited for the purpose for wich they were built (1).

Although I admit that there is no need to build prisons to ressemble the gaunt medieval structures wich lacked air and light, and from the outside looked more like fortresses with their enormous gratings, still I consider that a penitentiary should be constructed on simple lines with all necessary sanitary arrangements, but without gratings which are common to lunatic asylum (open door) as in England as elsewhere, prisoners are made to work a good deal in the open air, which however has not resulted in any increase in the number of escapes.

I must however add that besides these palatial prisons England and Belgium possess magnificent hospitals and establishments for the honest needy and numerous other institutions for aiding those thousands of unfortunate who patiently bear their crosses without ever deviating the path of honesty.

The following are some of my principal impressions :

1) In the most important of the English prisons I noted the chamber wherein the executions take place. Capital punishment is still in force in England, and about 12 executions by hanging take place each year. This survival of an old death-machine is another example of english traditionalism which has refused to follow the more modern methods of guillotine or electric chair.

I have always been of the opinion that capital punishment may be dispensed with as a measure of social defence, and as I have assisted at a double execution in Paris (in 1889) I may add that it is a horrible spectacle. Since 35 years capital punishment was abolished in Italy and this exper-

(1) I received this impression especially at the « preventive detention » at Camp Hill (Isle of Wight) for dangerous habitual criminals. They seemed to be thoroughly enjoying themselves. I got the same impression at the Edinburgh, new prison.

ience shows that there has been a reduction of 60 % in the number of homicides, which are the only crimes punishable by death (1).

2) Every prison is provided with a separate church for each of the various religions, the Anglican Church, Catholic Church and even with a synagogue when necessary, as in England religious sentiment is profoundly felt. One of the most opposite observations that one may make on the psychology of the English people is to the effect that together with their profound human solidarity which is covered up by their apparent phlegm, may be observed the intimate sincerity of their religious thought as exemplified by their prison arrangements.

3) It is my impression that the English are too keen on sports. I spoke to them quite frankly, so as to gain their sumpathy, on this subject of the excessive love of sports, which is so deeply rooted in the English character, and which is now rapidly spreading to other countries, we on our part however, must not forget the classical maxim « mens sana in corpore sano », and as a criminologist I retain that a healthy man is easily a good man, but we must not lose sight of the fact that sports in general should be a means to an end, and note the end itself as Rudyard Kipling said. These physical exercises should be the means of securing a healthy body, and physiological vigour to those who devote themselves to them.

I have noticed that the love of sports has penetrated even English prisons, which is undoubtedly a healthy sign if not overdone. I expressed myself in this sense in the presence of certain prison authorities, who were showing us, amidst the general admiration of visitors, numerous prisoners displaying their prowess in gymnastic exercises, or rather I should say acrobaties, such as climbing poles, ropes, etc. In my opinion this form of physical exercises is not suitable for criminals, as the perfection attain-

(1) *Ferri :* A century of homicides and suicides in Europe. Inter. Sta. Con. (Rome, sept. 1925) Average number of homicides per annum for every 100.000 inhabitants in Italy ; 12,2 in 1871; 4,1 in 1911-15; 4,5 in 1919; 7,3 in 1920; 7,5 in 1921; 6,6 in 1922 and 4,9 in 1923.

ed in jumping and climbing, may be made use of in the future, for criminal exploits!

In Belgium prisons, these exercises are limited to Sweedish gymnastical exercises, for the hygienic movement of the body, and I consider this a more suitable form of physical training for the re-adaptatation to society of prisoners, whose health should be carefully looked after by the prison authorities, because in life it is easier for a healthy man to find work and resist temptation.

4) One of the chief characteristics of English and Scott ish prisons is the small number of prisoners in comparison with the notable number Officials, there being one official to every 3 or 4 prisoners. A reduction of the prison staff's would be appreciated by the public who have to contribute out of their pockets the big sums required for the upkeep of these criminals.

5) In England I was struck by the non-existence of Agricultural colonies. All establishments are of the industrial type and reflect the general conditions of the country. The prisons however lack a modern industrial organisation (as in America and in part also in Italy).

The usual prison work is carried on (bootmaking, carpentry, tailoring, etc.), which cannot yield sufficient profits to meet the costs of running the prison, which should be self-supporting. We italians who are accustomed to see at home so many examples of intensive cultivation are struck by the utter absence of intensive cultivation in England. The Country abounds in lovely woods, but there are large tracts of land which have been given over to grazing.

The Prison Officials told me that the average English workman has a trong dislike for agricultural labour and will only accept industrial jobs. All garden work in the English prisons is done by the intellectually inferior classes of prisoners, as they have no objection to performing this kind of work. The different conditions obtained in our country make it advisable to encourage the development of the penal agricultural colony (with annexed industrial establishments) as the majority of our prisoners come from the agricultural classes. Work in the open air improves the physical condition of the prisoners and consequently hastens also their moral redemption.

6) Another characteristic of the English prison system is that prisoners are not paid for their work, whilst the lunatics interned in criminal asylums such as Broadmoor, are suitably recompensed for their labour.

The work is given to prisoners to perform, as an acknowledgement of their good conduct. The explanation of this system may be found in English tradition, which says that all prisoners being considered guilty, are not entitled to any recompense, where as lunatics who have not been convicted should be paid for the work done by them. At Broadmoor I noticed that the inmates are treated according to their social standing, and thus those who are in a position to pay for them, are allowed special privileges, which is not admissible in regime of penal justice. However the Congress with the support of the English members has reached a different conclusion, as no mental attitude can withstand the force of experience. Experience has shown that work not paid for, is hardly worth its cost. The Congress as I have already reminded you, decided that it was not expedient to refuse recompense for prison work (1).

7) Finally in the English prisons may be observed, what the President of the Superior Prison Council, Mr. Waller, who with Lord Polwarth, kindly acted as our guides in this tour of inspection, called in a magnificent speech « the invisible reform », that is, the spirit that animates the prisons. That spirit of autonomy and personal dignity which is a feature of the English national psychology and,

---

(1) For lack of space the note will be found on the next page. Particular notice was taken of the work carried out by forced labour at Peterhead, in connection with the port. The work is of a fatiguing character and invalids are exempted by the doctor, who reports on their health. Given the climate it is only possible to work for a few months of the year.

At Peterhead there are first offenders as well as common recidivists, together with offenders undergoing « preventive detention », who are divided by categories at night.

is known there as self-respect and self-government, has now penetrated the prisons as well. The prisoner is no longer considered a social out, cast, but as a man with a proper personal dignity wor, thy of respect.

The classical system in England for the moral valuation of the prisoners still consists in giving marks for each category, as illustrated by Herbert Spencer in his esssay entitled « The morale of the prison, *Essais* (vol. 2, Paris, 1879).

Corporal punishment has not yet been abolished for the infringementof disciplinary regulations and violent rebellion against the prison Authorities. The punishment is carried out on the proposal of the Governor of the prison after its approval by the Central prison Council.

The same spirit animates all prison officials in their devoted labour.

Prisoners are given an opportunity to provide for their own moral rehabilitation. At the Borstal Institution which I am only able for lack of time, to describe very superficially, the prisoners themselves teach their more unfortunate companions to read and write. Thus the discipline of the place is entrusted to the reciprocal control of the prisoners themselves and is not imposed by the prison attendants (1).

It thus may be seen that the English prison system is characterised by a spirit of dignity and human responsibility, which should assist offenders in rehabilitating themselves socially and morally. In my judgment England has already realised the previsions of the Positive School, that the sentence intented as a *punishment* should give way to the sentence intended as a *safety measure* (for the

---

(1) I should like to make a few remarks however on the Borstall: institution. In the first place I quite approve of the system of dividing the prisoners into groups of from 10-15 under the direction of one of the prisoners themselves (chosen from the best class). I cannot quite understand the reason for excluding all youths under 16. The conditional release after only 6 months for boys, and 3 months for girls seems to me somewhat risky. Nor do I quite understand why a maximum sentence of 3 years should be imposed, even taking into account the fact that only the less dangerous minors are sent to these establishments. They are modelled on the lines of Elmira (N. York) and might be improved as are the Belgiam Institutions of this kind (V. Delierneux : *La prison-école*, in Revue Belge de Dr. pén. et crimin. Dec. 1923).

more dangerous criminals) and the sentence as a *reformatory measure* (for the less dangerous offenders who are the more numerous).

8) Finally our admiration must he given to the admirable Institutions for the supervision and protection of the criminal classes.

I am of the opinion however, that an efficacious organisation of society against the criminal classes is only to be secured on two fundamental conditions.

The first is that by means of classification and anthropological selection, homogeneous groups be formed in each prison (occasional offenders, or habitual criminals or dangerous types etc.) so as to facilitate a particular individualization, and allow also a hygienic disciplinary, and educative treatment to be given, suitable to the several groups which would hasten their rehabilitation.

The second condition is that before entering prison (conditional sentence) and after release (on parole, or definitive) suitable institutions should look after these offenders andassist them to make a new start in life. England is admirable in this matter. While in Belgium as well as in most Latin countries, the supervision and protection of ex-prisoners is badly or indifferently organised, in England on the other hand, numerous citizens are to be found who devote their time and money to this good work.

As the Courts were not sitting, I was only able to be present at a Juvenile Court (Town Hall, London, Shoreditch). The Judge who presided was Sir Clark Hall, assisted by two assessors (private citizens). The boy was brought into court by the father and mother, and proceedings were at once started. The judge before coming to a decision, and on having interrogated the parents of the boy in a low voice, proceeded to-ascertain from two of the 15 or 20 probation officers who were in attendance, and frequently are simple citizens, the information they had procured as to the boy, his family, and their mode of living. The judge's decision was based on the information received, and only the co-operation of the citizens can enable the judge to appreciate the atmosphere aud surroundings where, in the family lived and to which the boy vould return.

I have noted with a certain amount of satisfaction that in England, as we proposed in our Project of the mean Penal Code, these institutions for the protection and surveillance of ex-prisoners are subsidized by the State. Until a few years ago they were in the hands of private citizen, but it is evident that England too feels the rhythm of modern life with its economic exigencies, and now the Government assists these Institutions. There are two central associations in England, the *Borstal Association*, and the *Central Association for released prisoners*, whose surveillance is entrusted to officials paid out of public funds.

Each prison has a local committee of its own (1).

It is due to this admirable work of vigilance and protection that England may be included among those civilised countries, who although, not possessing any glorious theoretical traditions, has succeeded with her remarkable practical sense, to organise, although not always with complete system, useful measures for combating criminality (2).

*
* *

The conclusions to be drawn from this International Penitentiary Congress are evident to all.

Despite the forebodings of many as to the triumph of the traditional doctrines, this Congress has on the contrary marked a decisive stage in respect of the progress achieved in the organisation of international repressive measures against the criminal world; and the useful work accomplished will be handed down to the next International Congress to be held at Prague in 1930.

---

(1) There is also a *National Association of Probation Officers*, which issues a regular bulletin.

(2) The *Howard League for Penal Reform* with its active General Secretary Miss Margery Fry, which issues *the Howard Journal*, has done some very good, propaganda work for Penal Reform.

Further I wish to say that besides being highly gratified personnally, at the success and realisation of a notable part of thei deas, that for many years I have endeavoured to disseminate amongst the followers of the positive criminal school, my italian colleagues and myself experienced a profound satisfaction from the knowledge that our country now holds a prominent place amongst the civilised nations of the world.

Italy is demolishing the legend of her social inferiority, and with renewed energy springing from her glorious traditions, which have been handed down to her by her glorious ancestors, is resuming her onward march. In limiting ourselves to the subject of Penal Justice of London where all the world was represented, fully confirmed that supremacy of Italian scientific thought, dating from Roman Law, which ever since she has proudly maintained.

Sté Gle d'Imp. et d'Edit., 1, rue de la Bertauche, Sens. — 2-26.

www.ingramcontent.com/pod-product-compliance
Ingram Content Group UK Ltd.
Pitfield, Milton Keynes, MK11 3LW, UK
UKHW022130260726
13993UKWH00003B/1344

9 782329 174235